평화를 사랑하는 어린이를 위한 **다큐 동화**

우리가 평화를 선택할 수 있어요

글 황근기 | 그림 김은경

초록우체통

우리가 평화를 선택할 수 있어요

사람들은 모두 평화를 원한다고 말해요.
그런데 왜 평화로운 세상이 오지 않을까요?
왜 전쟁과 테러, 학교 폭력, 성폭력, 계층 간의 갈등,
종교 간의 갈등이 계속될까요?

   이 책은 평화로운 세상을 만드는 방법을 찾아내고, 실천한 사람들의 이야기랍니다. 우리 모두가 이 책에서 소개하고 있는 사람들처럼 생각하고, 행동한다면 평화로운 세상은 곧 우리 곁으로 다가올 거예요.
   넬슨 만델라는 한때 남아프리카 공화국 흑인들의 권리를 되찾기 위해 인종 차별을 일삼는 백인들과 싸웠습니다. 하지만 그는 곧 폭력이 또 다른 폭력을 부른다는 사실을 깨닫고, 자신을 27년이나 감옥에 가두었던 백인들에게 먼저 손을 내밀었지요. 그 덕분에 남아프리카 공화국은 평화를 향해 한 걸음 더 나아갈 수 있었어요.

　방글라데시의 무하마드 유누스는 가난한 사람들의 입장을 이해하고, 그들에게 돈을 빌려 주는 은행을 세워 가난한 사람들과 함께 잘살 수 있는 길을 찾았어요.

　지금 이 순간에도 내전과 전쟁으로 고통 받고 있는 사람들을 위해 봉사하는 많은 사람들이 있어요.

　여러분이 자라 어른이 되었을 때는 전쟁도 없고, 가난도 없고, 인종 차별도 없고, 성 차별도 없고, 다툼도 없는 세상이 되면 얼마나 좋을까요? 하지만 그런 세상은 저절로 오지 않는답니다.

　미래의 주역이 될 여러분이 먼저 남을 생각하고, 용서하고, 이해할 줄 아는 마음을 가지고 있어야 해요. 그리고 그러한 생각을 행동으로 옮길 수 있는 용기도 필요하답니다.

　이 책은 여러분이 평화를 사랑하는 마음을 가졌으면 하는 바람에서 만들어졌습니다. 이 책을 읽으면서 스스로에게 '나는 과연 평화를 원하고 있을까?' '나는 과연 남을 이해하고 용서하는 마음을 가지고 있을까?' 등의 질문을 던져 보세요. 〈우리가 평화를 선택할 수 있어요〉를 읽고 여러분이 조금이나마 평화에 관심을 가지게 된다면 더 바랄 게 없겠습니다.

2010년 봄

황근기

평화를 사랑하는 어린이를 위한 다큐 동화

우리가 평화를 선택할 수 있어요

주먹을 펴서 악수를 청하다 ······· 8
넬슨 만델라 – **남아프리카 공화국 흑인들의 권리를 위해 싸운 정치가**

30 ············ **눈에 보이지 않는 벽을 넘어서**
메이얼리 산체스 – **〈콜롬비아 어린이 평화 운동〉의 창시자**

무엇이 사람을 변화시키는가? ········· **44**
에이브러햄 링컨 – **미국의 제16대 대통령,
미국 노예 해방을 선언한 지도자**

대화의 힘 ·········· **58**
넬사 쿠르벨로 – **폭력 조직과 사회의 화해를 이끈
에콰도르의 사회 활동가**

78 ······ 우리의 삶은 우리에게 달려 있다
아셀 아슬레 - **팔레스타인과 이스라엘의 평화를 위해 노력한 어린이**

용서, 핵무기보다 강한 힘 ··········· 92
달라이 라마 - **티베트의 망명 정부를 이끌고 있는 지도자**

108 ··········· 가난한 이들의 삶 속으로 들어간 은행가
무하마드 유누스 - **가난한 사람들을 위해 그라민 은행을 세운 은행가**

사랑하라, 그리고 또 사랑하라 ············ 128
김수환 - **힘없는 사람들을 지키기 위해 노력한 추기경**

146 ······ 평화를 너무 어렵게 생각하지 마세요
엘리너 루즈벨트 - **세계 인권 선언문을 만든 미국의 사회 운동가**

우리가 평화를 선택할 수 있어요 ········ 166
버락 오바마 - **미국의 제44대 대통령, 2009 노벨 평화상 수상**

182 ····· 우리는 기적이 아니라 사랑을 믿습니다
국경 없는 의사회 - **긴급의료구호 단체**

[평화를 사랑하는 어린이를 위한 **다큐 동화**]

주먹을 펴서
악수를 청하다

넬슨 만델라 1918~
남아프리카 공화국 흑인들의
권리를 위해 싸운 정치가

1994년, 마침내 남아프리카 공화국 총선거에서
내가 대통령에 당선되었습니다.
세계인이 지켜보는 대통령 취임식에서 나는 이렇게 말했습니다.

"우리는 마침내 자유를 위한
　　발걸음을 내딛게 되었습니다.
나는 이 땅 위에 사는 사람들이

평화를 누리는 날이 곧 오리라고 믿습니다."

1994년, 마침내 남아프리카 공화국 총선거에서 내가 대통령에 당선되었습니다. 흑인들이 불과 몇 년 전까지만 해도 사람 취급을 받지 못했던 것을 생각하면 정말 깜짝 놀랄 만한 일이었습니다.
전 세계인들은 남아프리카 공화국 최초의 흑인 대통령에게 축하의 인사를 건넸습니다.
세계인이 지켜보는 대통령 취임식에서 나는 이렇게 말했습니다.
"우리는 마침내 자유를 위한 발걸음을 내딛게 되었습니다. 나는 이 땅 위에 사는 사람들이 모두 평화를 누리는 날이 곧 오리라고 믿습니다."
그러나 그동안 흑인들을 짐승처럼 부려 먹었던 백인들은 흑인 대통령의 탄생을 달가워하지 않았습니다. 그들은 불분명한 미래에 대한 두려움으로 떨고 있었습니다. 자신들이 그동안 흑인들에게 어떤 짓을 했는지 그들도 잘 알고 있었기 때문이지요.

흑인들은 백인들에게 복수할 기회가 왔다며 나를 압박했습니다.
"뭘 주저하십니까? 우리를 괴롭혔던 백인들을 혼내 주어야 합니다."
그때 나는 깊은 생각에 잠겨 있었습니다.
분쟁에 휘말린 내 조국을 위해 나는 무엇을 해야 할까?

분쟁을 해결할 수 있는 가장 좋은 방법은 과연 뭘까?'

# 용서와 화해의 힘

먼저 내가 태어난 남아프리카 공화국에 대해 잠깐 설명을 해야겠습니다. 남아프리카 공화국은 흑인과 백인이 함께 모여 사는 나라입니다. 남아프리카 공화국 국민을 모두 100명이라고 한다면 그 가운데 백인이 20명 정도이고, 나머지 80명은 흑인이지요.

그런데 이상하게도 당시 남아프리카 공화국의 흑인들에게는 아무런 힘이 없었습니다. 나라를 이끌어 갈 사람을 결정할 수 있는 투표권조차 없었습니다. 백인들이 모든 정치를 도맡아 하고 있기 때문이었습니다.

그러나 남아프리카 공화국은 원래 흑인들의 나라랍니다. 처음 이 땅에는 오로지 흑인들만 살고 있었는데, 1652년 유럽에서 옮겨 온 백인들이 무력으로 땅을 차지하면서 모든 것이 뒤바뀌었지요. 백인들은 남아프리카 공화국에 살고 있던 흑인들을 노예처럼 부렸습니다.

그것은 시간이 흘러도 변하지 않았습니다. 나는 세계적으로 노예 제도가 폐지되고 모든 사람이 신분에 구애를 받지 않고 평등하게 살아가는 시대에 태어났지만, 단지 흑인이라는 이유만으로 제대로 된 교육을 받을 수 없었습니다.

흑인들이 갈 수 있는 학교라고는 백인 선교사들이 전도를 목적으로 세운 학교뿐이었지요. 나도 그 선교사들이 운영하는 학교에서 공부를 했는데, 그때 우리를 가르치던 백인 선교사들은 툭하면 이런 말을 내뱉곤 했습니다.

"너희 흑인들은 미개하다. 그런 너희를 우리 백인들이 가르쳐 주고 있어. 그러니까 흑인은 백인의 노예로 사는 게 당연하다. 알겠느냐?"

그럴 때마다 우리는 억지로 '예!'라고 대답해야 했습니다. 나는 겉으로 '예!'라고 외치면서 속으로는 이렇게 소리쳤습니다.

'아니에요. 단지 흑인이라는 이유로 차별을 당하는 건 옳지 않아요. 언젠가는 인종 차별이 없는 세상이 올 거예요.'

하지만 시간이 지날수록 백인들의 인종 차별은 더욱 심해졌습니다. 그럴수록 내 마음속에는 백인들에 대한 미움이 점점 쌓여 갔지요. 어린 마음에 '언젠가 꼭 백인들에게 복수할 거야.'라는 생각을 하기도 했습니다.

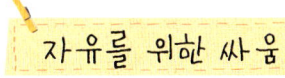
자유를 위한 싸움

내가 본격적으로 인종 차별 반대 운동을 시작한 건 1948년이었습니다. 그 무렵 백인들은 자기들 마음대로 엉터리 법을 만들어 선포했습니다.

"흑인들은 백인들이 사는 마을에 살 수 없다. 흑인이 백인들이 사는 마을에 허락 없이 들어오면 감옥에 가야 한다."

당시 백인들이 만든 엉터리 법 가운데에는 '야간 통행 금지법'이라는 법도 있었습니다.

"백인들은 한밤중에도 마음대로 돌아다닐 수 있다. 하지만 흑인들은 오후 6시 이후에는 대도시에 들어올 수 없다. 밖에 다닐 때는 항상 통행증을 가지고 다녀야 한다. 만약 통행증이 없으면 체포하겠다."

심지어 백인들은 '흑인과 백인 분리법'이라는 말도 안 되는 법을 만들어 백인 전용과 흑인 전용을 엄격하게 구분하기도 했습니다.

"흑인들은 화장실도 백인들과 따로 써야 하고, 버스나 기차도 따로 이용해야 한다. 흑인들은 백인들이 가는 극장이나 음식점, 호텔에도 들어갈 수 없다."

얼마 지나지 않아 해변, 버스, 극장, 호텔, 식당 등 모든 공공장소에 정말 '백인 전용', '흑인 전용'이라고 쓰인 표지판이 붙기 시작했습니다.

어느 날, 나는 아무 생각 없이 화장실을 사용하려고 했습니다. 그런데 한 무리의 백인들이 나를 막는 게 아니겠습니까.

"이제부터 너희 흑인들은 이 화장실을 쓸 수 없다. 흑인 전용 화장실을 이용해라. 검둥이 주제에 감히 백인 전용 화장실을 쓰려고 하다니!"

당황한 나는 화장실 입구를 올려다봤습니다. 화장실 입구에는 '백인 전용'이라고 쓴 글이 떡하니 붙어 있었습니다.

"썩 꺼지지 못해!"

"더러운 흑인 같으니라고!"

주저하고 있는 나를 향해 백인들은 고래고래 고함을 쳤습니다. 그 가운데에는 나를 향해 침을 뱉는 백인들도 있었지요. 내 가슴은 주체할 수 없는 분노로 들끓었습니다.

'더는 이렇게 당하고만 살 수 없어. 백인이든 흑인이든 우리는 똑같은 사람이야. 나는 흑인들의 자유를 위해 싸우겠어!'

폭력에 폭력으로 맞서다

나는 나와 뜻을 같이하는 흑인들과 함께 〈민족 회의〉라는 모임을 만들어 인종 차별 정책에 반대했습니다. 그때 우리는 비폭력 시위를 했습니다. 단지 푯말을 들고 거리를 행진하며 구호를 외치는 게 전부였지요.

"흑인들도 백인들과 똑같이 존엄한 인간이다."

"백인들은 인종 차별 정책을 당장 멈춰라!"

백인들의 엉터리 법에 반대하는 운동은 산불이 번지듯 빠르게 남아프리카 공화국 전역으로 퍼져 나갔습니다. 그럴수록 백인들은 무력을 앞세웠습니다. 수많은 경찰과 군인을 동원해 자기들이 만든 엉터리 법을 조금이라도 어기는 흑인들을 마구 잡아들였습니다.

"불법 시위를 하는 흑인들을 가만히 안 두겠다."

백인 경찰과 흑인 시위대 사이에는 팽팽한 긴장감이 흘렀습니다. 곧 뭔가가 폭발할 것 같은 분위기였지요.

1960년 3월 21일. 드디어 걱정하던 일이 터졌습니다. 그날을 생각하면 지금도 가슴이 찢어질 듯 아픕니다.

우리는 그날 평화적으로 거리 시위를 벌이고 있었습니다. 그런데 갑자기 백인 경찰들이 나타나 닥치는 대로 총을 쏘았습니다.

"탕! 탕! 탕!"

어깨동무를 하고 있던 사람들은 피를 흘리며 하나 둘 쓰러졌습니다. 이날 시위에 참가했던 흑인 가운데 69명이 목숨을 잃었고, 250여 명이 다쳤습니다. 나와 함께 어깨동무를 하고 있던 사람도 가슴에 총에 맞았습니다. 내 어깨에 올려 놓았던 그의 손은 힘없이 스르르 미끄러져 내려갔습니다. 차디찬 바닥에 쓰러진 그는 다시는 일어서지 못했습니다.

그 순간, 내 가슴속에 쌓여 있던 분노가 폭발했습니다.

"백인 정부와 경찰은 우리가 비폭력 시위를 하기 때문에 우리를 우습게 보는 거야. 이제 우리도 무력을 사용해야 해."

그 사건 이후, 나의 생각과 행동은 점점 과격해졌습니다. 나는 백인 경찰들의 눈을 피해 나와 뜻을 같이하는 행동 대원들을 비밀리에 모집했습니다.

"우리 목표는 백인 정부의 관청을 폭파하는 것이오."

행동 대원들은 모두 내 의견에 따랐습니다. 그들도 나만큼이나 백인들을 미워하고 있었지요. 우리는 전역한 군인들에게 자동 소총과 권총을 쏘는 법을 배웠고, 폭탄과 지뢰를 만드는 법도 배웠습니다.

"두고 봐라. 받은 만큼 갚아 주겠다."

그때 나는 무력 투쟁만이 자유를 얻을 수 있는 유일한 길이라고 믿고 있었습니다.

1961년 12월 16일 밤, 백인들이 살고 있는 마을의 관청에서 폭탄이 터졌습니다.

"쾅!"

물론 사람이 없는 밤에 터졌기 때문에 인명 피해는 없었지만 놀란 백인들은 벌어진 입을 다물 줄 몰랐습니다.

"아니, 이럴 수가! 우리가 살고 있는 마을에서 폭탄이 터지다니!"

백인들은 우리 흑인들이 무력을 사용해서 저항한다는 사실에 큰 충격을 받은 듯했습니다.

우리는 그날 수천 장의 전단을 전국에 뿌렸습니다.

"이번 사건은 백인들에게 무력 투쟁을 선포한 단체인 〈움콘토〉가 일으켰습니다. 〈움콘토〉 대원들은 흑인들이 자유를 얻을 때까지 백인들의 무력에 무력으로 맞설 것입니다."

당시 나는 인종 차별 반대 운동을 이끄는 지도자였습니다. 백인 정부는 나와 내 동료들만 감옥에 가두면 인종 차별 반대 운동이 끝날 거라고 생각했습니다. 그래서 백인 정부는 나를 잡기 위해 혈안이 되었지요.

분쟁 해결을 위한 방법

폭파 사건이 터지고 17개월 후, 나는 체포되었습니다. 그리고 재판장에서 무기징역을 선고받았지요.

"만델라는 국가 반역죄를 지었다. 만델라에게 무기징역을 선고한다."

인종 차별은 감옥에서도 있었습니다.

"흑인들은 짧은 바지를 입어라."

당시 남아프리카 공화국의 백인들은 우리를 어린애 취급했습니다. 그래서 흑인들에게는 억지로 반바지를 입게 했지요. 반면에 백인 죄수들은 긴 바지를 입었습니다. 나는 반바지를 입지 않겠다고 버텼습니다.

"백인과 흑인은 같은 수감자들인데 왜 복장이 달라야 합니까. 나는 반바지를 입지 않겠소."

그 즉시 백인 간수들은 나를 독방에 가두었습니다.

"독방에서 잘 생각해 봐라. 아마 며칠이 지나면 생각이 달라지겠지. 흑인 죄수 주제에 백인 죄수들과 똑같은 옷을 입으려고 하다니!"

내가 갇혀 있던 감옥은 몸도 제대로 펴기도 어려울 만큼 좁았습니다. 빛이 들지 않아 한낮에도 어두컴컴했고, 지저분한 감옥 바닥에는 벌레들이 우글우글했습니다.

그때 내게는 시계도 없었고, 읽을거리도 없었고, 대화를 나눌 상대도 없었습니다. 나는 홀로 어둠 속에 갇힌 채 시간을 보내야만 했지요. 그들은 나를 철저한 어둠 속에 가두고, 내 의지가 무너져 내리기를 기다렸습니다. 하지만 나는 마음이 약해지려고 할 때마다 스스로 뺨을 때리며 잘못된 현실을 바로잡을 수 있는 방법이 무엇인지 생각했습니다. 그렇게 한 해 두 해가 덧없이 흘렀습니다.

어느 날, 백인 정부가 내게 먼저 협상을 제안해 왔습니다.

"만델라 씨! 이제 그만 투쟁을 멈추고 평화롭게 지냅시다."

"평화롭게 지내자고요? 도대체 누구를 위한 평화란 말입니까? 이런 현실 속에서 어떻게 평화롭게 지낼 수 있다는 겁니까?"

나는 단호하게 대화를 거절하고 탁자를 박차고 일어섰습니다. 바로 그때 백인 관리의 한 마디가 내 귓가를 때렸습니다.

"그럼 언제까지 이렇게 서로 싸우기만 할 겁니까?"

감옥으로 돌아온 나는 백인 관리의 말을 곱씹어 봤습니다.

'그래, 언제까지 이렇게 서로 싸워야만 할까? 싸움을 멈출 수 있는 방법은 없을까?'

내가 감옥에 갇힌 지도 어느덧 10여 년이 흘렀습니다. 그 무렵 감옥 밖에서는 큰 변화가 일어나고 있었습니다. 세계 여러 나라의 언론들이 남아프리카 공화국의 인종 차별 정책에 관심을 두기 시작한 것이죠.

세계 각국의 사람들은 인종 차별을 하는 남아프리카 공화국의 회사하고는 거래를 할 수 없다며 남아프리카 공화국의 현실을 개선하라고 외쳤습니다. 심지어 인종 차별을 하는 남아프리카 공화국과는 외교 관계를 맺을 수 없다고 말하는 나라도 있었지요. 이렇게 전 세계 여론이 들끓자, 남아프리카 공화국은 국제 스포츠 대회에도 참가할 수 없게 되었습니다.

한편, 내가 감옥에 갇혀 있다는 사실을 알게 된 사람들은 나를 석방하라고 외치며 남아프리카 공화국에 압력을 가했습니다.

"흑인들의 자유를 위해 싸우다 억울하게 감옥에 갇힌 만델라를 당장 석방시켜라."

"만델라를 석방하는 것만이 남아프리카 공화국의 유혈 사태를 막는 길이다."

1980년대 말, 남아프리카 공화국은 완전히 혼란에 빠져 있었습니다. 백인들을 증오하는 흑인들은 계속 폭탄 테러를 일으켰고, 백인 정부가 만든 암살단은 자신들을 반대하는 흑인들을 마구 죽였습니다. 내 사랑하는 아내와 아이들이 살고 있던 집도 누군가 불을 질러서 타 버렸지요. 보복이 또 다른 보복을 부르는 악순환이 계속되고 있었던 것이죠. 그 모습을 보며 나는 생각을 바꿨습니다.

'이렇게 서로가 서로를 계속 무시하고 증오한다면 어떻게 될까? 분명히 지금과 같은 분쟁이 계속되겠지. 백인이든 흑인이든 누군가가 먼저 손을 내밀어야 할 텐데……. 백인들이 먼저 우리의 손을 잡아 주기를 기다려야 할까? 우리가 먼저 백인들에게 손을 내밀면 안 될까? 그래, 우리가 먼저 백인들을 용서하자!'

1990년 2월 11일. 나는 27년 만에 감옥에서 나왔습니다. 감옥 밖에서 기다리고 있던 수많은 사람들이 나를 향해 환호성을 질렀습니다.

"만세! 만델라가 드디어 감옥에서 풀려 났다."

나는 감옥 문을 나서면서 오른손으로 눈을 가렸습니다. 자유의 몸이 된 후 처음 보는 햇빛이 너무 강렬했기 때문이지요. 나는 잠시 눈을 감고 눈부신 햇살을 만끽했습니다.

곧 기자들의 질문이 이어졌습니다.

"만델라 씨! 지금 남아프리카 공화국은 흑인과 백인의 대립과 갈등이 극에 달해 있습니다. 앞으로 남아프리카 공화국의 대립과 갈등을 어떻게 해결하실 생각이십니까?"

그때 나는 한참 동안 눈부신 햇빛을 받으며 생각에 잠겨 있었습니다.

먼저 악수를 청하다

감옥에서 나온 나는 가장 먼저 나를 감옥에 가두었던 보타 전 대통령을 찾아갔습니다. 보타 전 대통령은 나에게 경계의 눈빛을 보냈습니다. 나는 먼저 그에게 악수를 청했습니다.

"나는 싸우러 온 게 아닙니다."

그는 한동안 내 얼굴을 물끄러미 바라봤습니다. 하기야 그럴 만도 했지요. 그때까지만 해도 백인들의 눈에는 내가 '흑인 무장 투쟁 단체'를 이끄는 투사로 비쳤을 테니까요.

"당신은 나를 27년 동안 감옥에 가두었습니다. 그동안 나는 감옥에서 참 많은 생각을 했습니다. 처음에는 당신에게 복수할 생각도 했지요. 하지만 나는 당신을 용서했습니다. 우리가 서로 손을 잡으려면 내가 먼저 당신의 잘못을 용서해야 한다고 생각했기 때문입니다."

내 말을 들은 보타 전 대통령은 눈빛이 살짝 흔들렸습니다. 그 순간, 나는 그가 조금이나마 마음의 문을 열었다는 것을 느낄 수 있었습니다.

얼마 후, 나는 보타 전 대통령의 뒤를 이어 남아프리카 공화국의 대통령이 된 데 클레르크를 찾아갔습니다.

데 클레르크 대통령 역시 처음에는 나를 경계했습니다. 나는 부드러운 말로 내가 찾아온 이유를 설명했습니다.

"나는 당신과 화해를 하러 왔습니다. 우리가 먼저 무장 투쟁을 멈추겠습니다. 그 대신 백인 정부는 인종 차별 법을 없애고, 흑인들에게도 백인들과 동등한 권리를 주십시오."

나는 백인 정부와 협상하기를 원했습니다. 그러나 협상은 생각처럼 쉽게 이루어지지 않았습니다. 많은 부분에서 그와 나의 생각은 크게 달랐습니다. 하지만 나는 인내심을 가지고 끈질기게 데 클레르크 대통령과 협상을 했습니다.

또 한편으로는 무장 투쟁을 벌이고 있는 흑인 단체들을 설득하기 위해서 많은 시간과 노력을 들여야 했지요. 흑인 무장 단체 가운데에는 무장 투쟁만이 흑인들에게 자유를 가져다줄 수 있다고 믿는 단체들이 많았습니다.

하지만 나는 끈질기게 그들을 설득했습니다. 그리고 마침내 협상이 이루어졌습니다. 흑인들은 무장 투쟁을 멈추었고, 1990년에 인종 차별 법이 폐지되었습니다. 1993년에는 흑인과 백인에게 동등한 권리를 부여하는 헌법이 만들어져서 흑인도 투표를 할 수 있게 되었습니다. 이때 전 세계 사람들은 내가 기적을 만들어 냈다고 말했습니다. 하지만 그것은 기적이 아니었습니다. 인내심을 가지고 끈질기게 대화를 하며 서로 조금씩 양보를 했기 때문에 가능했던 것이죠.

그 이듬해인 1994년, 나는 남아프리카 공화국 최초의 흑인 대통령이 되었습니다. 불과 몇 년 전만 해도 사람 취급을 받지 못하던 흑인들이 투표권을 행사해 나를 대통령으로 만들었던 것입니다.

"만세! 남아프리카 공화국의 새로운 대통령은 만델라다!"

흑인들은 맨발로 거리로 뛰쳐나와 덩실덩실 춤을 추었습니다. 이 모습은 텔레비전을 통해 전 세계에 생중계가 되었고, 전 세계 사람들이 나를 축하해 주었습니다.

하지만 모든 사람이 나를 축하한 건 아닙니다. 남아프리카 공화국의 백인들은 공포에 떨고 있었습니다.

"만델라가 대통령이 되었으니 이제 우리는 큰일 났다."

"만델라는 우리에게 복수를 할 거야. 이제 곧 피의 보복이 시작될 거야."

백인들은 겁에 질려 집 밖으로 나오는 것조차 꺼렸습니다.

흑인 무장 투쟁 단체 사람들은 날마다 나를 찾아와 당장 피의 보복을 시작해야 한다고 주장했습니다.

"대통령 각하, 이제 흑인이 정권을 잡았으니까 우리가 당한 만큼 백인에게 돌려주어야 합니다. 뭘 망설이십니까?"

내가 아무런 대꾸도 하지 않자, 그들은 자리에서 벌떡 일어나며 큰 소리로 말했습니다.

"백인들이 우리에게 어떻게 했는지 벌써 잊으신 건 아니겠지요? 그들은 우리의 피부가 검다는 이유만으로 오후 6시 이후에는 외출을 금지시켰습니다. 이번엔 백인이 오후 6시 이후에 외출 금지를 당해야 합니다."

"맞습니다. 그리고 우리가 살았던 마을과 백인들이 살았던 마을을 바꿔야 합니다. 화장실, 극장, 버스 등등 다 맞바꾸어야 합니다. 피부색이 하얗다는 이유만으로 차별을 받는 게 어떤 건지 뼈저리게 느끼도록 해 주어야 합니다."

나는 일단 그들을 돌려보냈습니다. 그리고 대통령 집무실에 앉아 고민에 고민을 거듭했습니다.

'과연 저들의 말처럼 백인들에게 보복하는 게 옳은 것일까? 그게 유일한 방법일까? 보복은 언젠가 또 다른 보복을 불러올 텐데……'

나는 우리 흑인들이 먼저 백인들을 용서하고 화해의 손을 내밀어야 되풀이되는 피의 보복을 멈출 수 있다고 생각했습니다. 나는 텔레비전을 통해 국민들에게 내 생각을 전달했습니다.

"백인들이 죄를 고백하고 진심으로 뉘우친다면 아무런 조건 없이 그들을 용서하겠습니다."

흑인들은 벌에 쏘인 사람들처럼 펄쩍 뛰었습니다.

"안 됩니다! 우리가 당한 것의 열 배, 아니 백배를 되갚아 주어도 시원치 않을 마당에 그들을 용서해 준다니요? 이건 말도 안 됩니다."

나는 그들을 불러 솔직하게 내 심정을 털어놓았습니다.

"나도 여러분처럼 어렸을 때부터 백인들에게 온갖 차별을 받고 살아왔습니다. 그들은 나를 27년 동안이나 감옥에 가두고 괴롭혔지요. 한때는 나도 '언젠가 꼭 백인들에게 복수하고 말 거야.'라고 다짐을 하기도 했습니다. 나도 여러분처럼 백인들의 잔인함을 단 한 번도 잊어 본 적이 없습니다."

나는 그들의 눈을 똑바로 마주 보며 말을 이었습니다.

"하지만 평화로운 나라를 만들기 위해서는 누군가가 먼저 마음을 열어야 하는 게 아닐까요? 우리가 좀 더 넓은 마음을 가지면 안 될까요? 우리가 먼저 백인들을 용서하고 화해의 손길을 내밀면 안 될까요? 나는 확신을 가지고 있습니다. 용서와 화해만이 남아프리카 공화국의 대립과 갈등을 해결할 수 있다고!"

나는 '진실과 화해 위원회'를 만들었습니다. 그리고 그동안 남아프리카 공화국에서 일어났던 여러 가지 사건들을 철저하게 조사하라고 지시했습니다.

"법을 어기고 흑인들을 무참하게 탄압한 백인들은 법에 따라 대가를 치르게 하십시오. 하지만 인종 차별 정책 때문에 어쩔 수 없이 잘못을 저지른 백인들이 진심으로 죄를 고백하고 뉘우치면 그들의 죄를 용서해 주십시오. 그리고 흑인들일지라도 법을 어기고 잘못을 저지른 자들은 그 대가를 치르도록 하십시오. 진실과 화해 위원회는 어느 한쪽의 입장에서 다른 한쪽을 판단해서는 안 됩니다. 인종을 넘어서, 정당을 넘어서 공평하게 잘잘못을 가려내 진정한 평화의 기틀을 마련해야 합니다."

나는 그동안 불끈 쥐고 있던 주먹을 펴서 백인들에게 악수를 청했습니다. 백인들은 우리가 내민 손을 잡았고, 우리 남아프리카 공화국은 조금씩 변화하기 시작했습니다. 이처럼 남아프리카 공화국이 변할 수 있었던 건 백인들에 대한 분노를 삭이고 먼저 용서와 화해의 손을 내밀어 준 많은 흑인들이 있었기 때문입니다.

만약 그들이 없었다면 우리는 지금과 같은 세상을 만들 수 없었겠지요. 현재 우리 남아프리카 공화국은 '무지개 국가'를 만들기 위해 노력하고 있습니다. 무지개 국가란 흑인과 백인뿐 아니라 모든 인종이 평화롭게 화합해 함께 어울려 사는 사회를 말합니다.

나는 요즘 대통령직에서 물러나 시골에서 평범한 노인으로 살고 있습니다. 요즘 거리에 나가 보면 백인들만 탈 수 있었던 버스에 백인과 흑인이 사이좋게 타고 있는 모습을 볼 수 있습니다. 학교에서는 흑인 어린이들과 백인 어린이들이 함께 공부하고 있는 모습을 볼 수 있습니다.

이런 모습을 볼 때마다 나는 생각에 잠기곤 합니다.

'아! 내가 좀 더 일찍 용서와 화해의 힘을 알았더라면 어떻게 되었을까? 그랬더라면 우리 남아프리카 공화국은 좀 더 일찍 평화로운 나라가 되지 않았을까?'

나는 평생 흑인들의 자유를 위해 싸워 왔습니다. 그런데 정작 우리가 자유를 얻게 된 건 싸움 때문이 아니었습니다. 우리가 먼저 싸움을 멈추고 화해의 손을 내밀자 자유는 우리에게 성큼 다가왔습니다.

물론 지금도 남아프리카 공화국에는 여러 가지 문제들이 남아 있습니다. 분쟁이 완전히 해결된 것도 아닙니다. 어떤 사람들은 이런 문제들을 영원히 해결되지 않을 숙제라고 말하지요. 하지만 나는 분쟁을 평화적으로 해결할 수 있다고 믿고 있습니다. 그리고 그 방법은 오직 용서와 화해뿐이라고 생각합니다. 용서와 화해만이 진정한 평화를 가져다줄 수 있다고요.

[평화를 사랑하는 어린이를 위한 다큐 동화]

눈에 보이지 않는 벽을 넘어서

메이얼리 산체스 1984~
〈콜롬비아 어린이 평화 운동〉의
창시자

그동안 우리는 소통이라는 말을
까맣게 잊고 살았습니다.
지금이라도 늦지 않았습니다.
자랑스러운 콜롬비아의 어린이들이
가르쳐 준 방법을 이제 어른들이
실천하는 일만이 남았습니다.

남아메리카 콜롬비아의 내전은 끝이 보이지 않았습니다. 서로 생각이 다르다는 이유로 총을 겨눈 지 벌써 몇 십 년이 지났지만 콜롬비아에는 아무런 변화가 없었지요. 해마다 게릴라들의 공격으로 사망하는 사람들의 수는 점점 늘어났습니다.

메이얼리와 〈콜롬비아 어린이 평화 운동〉 회원들은 내전으로 팽팽하게 대립하고 있는 콜롬비아를 위해 무엇을 해야 할지 고민했습니다. 메이얼리는 어린이 투표를 하자고 제의했습니다.

어린이 투표의 날, 콜롬비아 신문에는 어린이들의 투표 소식이 대문짝만하게 실렸습니다. '오늘 만큼은 콜롬비아 전역에서 총소리가 멈췄다!' 라는 제목으로 시작한 신문 기사에는 이런 내용이 적혀 있었습니다.

"오늘 이백칠십만 명의 콜롬비아 어린이들이 내전과 대립으로 상처 입은 콜롬비아에 평화를 가져다주는 방법을 우리 어른들에게 알려주었습니다. 그 방법은 바로 소통이었습니다.

그동안 우리는 소통이라는 말을 까맣게 잊고 살았습니다. 지금이라도 늦지 않았습니다. 자랑스러운 콜롬비아의 어린이들이 가르쳐 준 방법을 이제 어른들이 실천하는 일만이 남았습니다."

 평화를 이루는 지름길

아침 7시, 메이얼리는 밀턴의 집 앞에서 큰 소리로 밀턴을 불렀습니다.

"밀턴! 학교 가자."

메이얼리가 부르자 밀턴은 기다렸다는 듯이 대문을 열고 밖으로 나왔습니다. 그 뒤를 밀턴의 엄마가 따라 나왔습니다.

"다녀올게요. 엄마!"

"그래, 잘 다녀오너라. 그리고 너희 꼭 함께 다니면서 서로를 지켜줘야 한다. 요즘 들어 내전이 점점 심해지고 있어. 혼자 다니다 어떤 일을 당할지 모른다."

"알았어요! 걱정하지 마세요."

얼마 전부터 콜롬비아의 내전이 치열해지면서 등굣길은 더욱 위험해졌습니다. 학교로 향하는 아이들의 얼굴에는 긴장감이 흘렀습니다.

"밀턴! 우리는 언제까지 이렇게 살아야 할까?"

메이얼리가 마치 쫓기는 사람처럼 사방을 두리번거리며 물었습니다.

"글쎄, 벌써 사십 년이나 계속된 내전이 하루아침에 끝나겠어?"

두 아이가 살고 있는 곳은 콜롬비아의 수도 보고타에서 약간 떨어진 마을입니다. 콜롬비아는 지구에서 가장 폭력이 자주 일어나는 나라 가운데 하나입니다. 사십 년 동안 계속된 내전으로 수만 명의 사람들이 목숨을 잃었지요. 그 대부분이 아무 죄 없이 억울하게 죽은 민간인이었습니다.

콜롬비아에서 내전이 일어나고 있는 이유는 정부군과 정부의 정책에 반대하는 게릴라 세력 사이의 의견 차이가 너무 크기 때문입니다.

"메이얼리, 넌 어느 편이니?"

"어느 편?"

"그래, 자유주의 게릴라 편이야? 아니면 보수주의 게릴라 편이야?"

당시 콜롬비아는 정부군은 물론이고 자유주의 게릴라 세력과 보수주의 게릴라 세력이 팽팽하게 맞서고 있었습니다. 그들은 불법 마약 조직들의 도움을 받아 서로를 잔인하게 공격했습니다. 그래서 많은 사람들이 고통을 받으며 살아야 했지요. 콜롬비아 정부에서도 이들을 함부로 건드리지 못했습니다.

어느 편이냐는 질문에 메이얼리는 선뜻 대답을 하지 못하고 우물쭈물했습니다. 그러다 한참 만에 대답했습니다.

"나는 어느 편도 아니야. 나는 평화를 사랑하는 사람들의 편이야. 밀턴, 너는 어떤데?"

"나도 물론 평화를 사랑하는 사람들의 편이지. 하지만 자유주의 게릴라, 보수주의 게릴라 모두 자신들은 평화를 사랑한다고 주장하잖아. 나는 그게 헛갈려. 정말 평화를 사랑하는 걸까? 아니면 방법을 모르는 걸까?"

메이얼리와 밀턴은 학교에 도착할 때까지 평화에 대해 열띤 토론을 벌였습니다. 하지만 어떻게 해야 콜롬비아의 내전을 끝내고 평화로운 나라로 만들 수 있는지에 대한 답은 끝내 찾지 못했습니다.

"수업 끝나고 교문 앞에서 보자."

밀턴은 메이얼리에게 손을 흔들며 교실로 들어갔습니다. 그때까지만 해도 메이얼리는 그것이 밀턴과의 마지막 만남이라는 것을 꿈에도 생각하지 못했습니다.

수업이 끝나고 메이얼리는 교문 앞에서 한참 동안 밀턴을 기다렸습니다. 그런데 어찌 된 일인지 아무리 기다려도 밀턴이 오지 않았습니다.

'밀턴이 왜 이렇게 늦지?'

배도 고프고 기다리는 데도 지친 메이얼리는 그냥 혼자 집으로 가버렸습니다.

그날 저녁이었습니다.

"쾅! 쾅! 쾅!"

누군가가 대문을 두드리는 소리에 메이얼리는 창문 밖으로 고개를 내밀었습니다. 대문 밖에서 어른들이 수군거리는 소리가 들렸지요. 잠시 후, 엄마와 아빠가 어두운 표정으로 들어오셨습니다.

"엄마, 무슨 일이에요?"

엄마가 아무 대답이 없자 메이얼리는 아빠에게 물었습니다.

"아빠, 무슨 일이 일어난 거죠? 그렇죠?"

하지만 아빠도 말없이 시선을 하늘로 돌려 버렸습니다. 그 순간, 메이얼리는 자신에게 몹시 불행한 일이 일어났다는 것을 직감할 수 있었습니다. 한참 동안 침묵을 지키던 아빠가 메이얼리의 손을 꼭 잡고 말

했습니다.

"얘야, 너무 놀라지 말고 들어라. 밀턴이…… 칼에 찔려 죽었단 다……."

아빠의 말을 듣는 순간 메이얼리의 머릿속은 하얗게 비어 버리는 것 같았습니다.

밀턴의 장례식에 참석한 메이얼리는 밀턴에게 쓴 편지를 읽었습니다.

"밀턴! 아무 죄도 없는 네가 죽다니……. 우리가 살고 있는 이 콜롬비아는 지금 너무 혼란스러워. 서로 자기들이 옳다고 주장하며 총칼을 들이대고 있어.

밀턴! 어른들의 눈에 너는 콜롬비아의 내전으로 희생된 수많은 사람들 가운데 하나일 뿐이지만, 내게는 둘도 없이 소중한 친구야. 하늘나라에서 또 보자. 사랑하는 내 친구 밀턴……."

편지를 읽던 메이얼리는 말을 채 끝맺지 못하고 눈물을 흘렸습니다. 그러자 감정을 억누르지 못한 친구들도 하나 둘 눈물을 흘리기 시작했습니다. 장례식장은 곧 울음바다로 변했습니다.

메이얼리는 어떻게 장례식을 마쳤는지 기억조차 나지 않았습니다. 장례식을 마치고 밖으로 나오자 눈부신 하늘을 배경으로 새 떼가 평화롭게 날고 있었습니다. 메이얼리는 하늘을 올려다보며 결심했습니다.

'그래, 우리도 콜롬비아의 평화를 위해 뭔가를 해야만 해. 비록 우리는 어리지만, 그래도 할 수 있는 일이 있을 거야.'

이때 메이얼리의 나이는 겨우 열두 살이었습니다.

눈에 보이지 않는 벽

그해 12월, 메이얼리는 국제 구호 단체인 월드비전이 후원하는 회의에 참석해서 〈콜롬비아 어린이 평화 운동〉을 지원해 달라고 부탁했습니다.

"내가 살고 있는 콜롬비아에는 대립과 갈등이 계속되고 있습니다. 한 나라 안에 살면서 서로가 서로에게 총부리를 겨누고 있지요. 서로의 말에 귀를 기울이지 않고, 자기의 주장만 옳다고 하고 있습니다. 그래서 우리 어린이들은 〈콜롬비아 어린이 평화 운동〉을 만들었습니다. 우리는 언젠가 콜롬비아의 분쟁을 멈추고, 콜롬비아 사람들이 평화롭게 살 수 있는 나라를 만들 것입니다. 제발 우리를 도와주세요."

메이얼리의 연설이 끝나자 회의에 참석했던 사람들은 일제히 기립 박수를 보냈습니다.

"열두 살밖에 안 된 어린이가 어떻게 저런 기특한 생각을 하게 되었을까?"

"글쎄 말이야. 참 대단하네."

국제 구호 단체인 월드비전은 메이얼리가 만든 〈콜롬비아 어린이 평화 운동〉을 적극적으로 지원해 주기로 약속했습니다.

메이얼리는 〈콜롬비아 어린이 평화 운동〉 회원들과 함께 평화를 정착시키기 위해서 어린이들이 할 수 있는 일에 대해 토론을 했습니다.

"가장 먼저 콜롬비아에서 대립과 갈등이 사십 년 동안 계속되는 이유를 생각해야 할 거 같아. 그래야 해결책을 찾아낼 수 있을 테니까."

메이얼리의 말에 아이들은 많은 의견을 쏟아 냈습니다. 그 가운데에는 '사람들이 양보를 할 줄 몰라서'라는 의견도 있었고, '서로의 입장을 이해하지 못해서'라는 의견도 있었습니다. 수많은 의견 가운데 가장 큰 박수를 받은 건 메이얼리의 친구인 파리츠의 의견이었습니다.

"나는 눈에 보이지 않는 벽이 가로막고 있기 때문이라고 생각해."

'눈에 보이지 않는 벽'이라는 말에 아이들은 흥미로운 눈으로 파리츠를 바라봤습니다. 메이얼리도 '눈에 보이지 않는 벽'이라는 표현이 아주 적절한 표현이라고 생각했습니다.

"눈에 보이지 않는 벽이 있는 이상 콜롬비아 국민이 하나가 되는 건 어려울 거 같아."

높은 벽을 사이에 두고서는 제대로 된 대화를 할 수 없습니다. 서로의 얼굴을 볼 수 없을 뿐만 아니라 상대방의 목소리도 잘 들리지 않기 때문이지요.

　이처럼 콜롬비아 국민들은 눈에 보이지는 않지만 마치 높은 벽을 사이에 두고 있는 것만 같았습니다. 상대의 말은 전혀 듣지 않고 자신들의 입장만 내세우고 있었으니까요. 파리츠는 이 눈에 보이지 않는 벽 때문에 서로 소통을 하지 못하고 있다고 생각한 것입니다.

　파리츠의 말에 아이들은 모두 동의했습니다.

　"파리츠의 말이 맞아! 콜롬비아 국민이 하나가 되려면 먼저 눈에 보이지 않는 벽을 허물고 서로의 얼굴을 마주 봐야 해."

　하지만 사십 년 동안이나 눈에 보이지 않는 벽을 쌓아 놓고 대립해 온 사람들이 하루아침에 달라질 리 없었습니다. 메이얼리와 〈콜롬비아 어린이 평화 운동〉 회원들도 그 사실을 잘 알고 있었습니다.

　그래서 메이얼리는 이런 의견을 냈습니다.

　"얘들아! '어린이 투표의 날'을 만들면 어떨까?"

　"어린이 투표의 날?"

　아이들은 어리둥절한 표정으로 메이얼리를 바라봤습니다.

　"그래! 콜롬비아 국민들 사이에 놓인 눈에 보이지 않는 벽을 허물어야 할지, 아니면 이대로 살아갈지, 앞으로 콜롬비아의 주인이 될 어린이들이 진심으로 투표를 하는 거야."

　1996년 10월 25일 투표장에는 콜롬비아의 수많은 어린이들이 모였습

니다. 투표장에는 다음과 같은 플랜카드가 나붙었습니다.

〈콜롬비아의 평화를 위해서 가장 먼저 눈에 보이지 않는 벽을 허물어야 한다고 생각하는 어린이는 O, 그렇지 않은 어린이는 ×를 쳐 주세요.〉

이날 투표에 참석한 어린이의 수는 무려 이백칠십만 명이 넘었습니다. 물론 그 가운데에서 ×를 친 어린이는 단 한 명도 없었지요. 이백칠십만 명의 어린이들이 모두 눈에 보이지 않는 벽을 허물고 서로의 얼굴을 마주 보아야 한다고 생각했습니다. 어린이들의 이러한 생각과 행동에 어른들은 크게 자극을 받았습니다.

"정말 부끄러운 일이야."

"맞아. 우리 어른들도 콜롬비아의 평화를 위해 뭔가를 해야 해. 이대로 가만히 앉아 있을 수만은 없어."

그로부터 일 년 뒤인 1997년 10월26일, 이번엔 일천만 명이 넘는 어른들이 투표장으로 향했습니다.

〈콜롬비아의 평화를 위해 소통이 중요하다고 생각하는 국민들은 투표용지에 '예'라고 써 넣으시오.〉

투표장에 붙은 플랜카드를 보고 사람들은 하나같이 '예'라는 대답을 써 냈습니다. 이렇게 단합이 잘된 것은 처음이었습니다.

투표장에는 자유주의 게릴라 세력과 보수주의 게릴라 세력이 따로 없

었습니다. 그날만큼은 모두 한마음이 되어 투표용지에 '예'라고 써 넣었지요.

평화의 지름길

물론 두 차례의 투표에는 정치적 효력이 없었습니다. 콜롬비아의 평화를 위해 무엇보다 소통이 중요하다는 것을 확인하는 상징적인 투표였을 뿐이지요. 하지만 두 차례의 투표는 콜롬비아의 모든 국민들에게 큰 영향을 미쳤습니다.

1998년 콜롬비아 대통령 선거가 시작되자 후보들은 앞 다투어 〈콜롬비아 어린이 평화 운동〉 회원들을 칭찬했습니다.

"우리는 〈콜롬비아 어린이 평화 운동〉 어린이 회원들에게 큰 빚을 졌습니다. 어린이들이 아니었다면 우리는 평화를 되찾는 방법이 무엇인지 깨닫지 못했을 것입니다. 평화를 위해서는 무엇보다 소통이 중요하다는 어린이들의 주장에 귀 기울여야 합니다. 그런 의미에서, 나는 앞으로 그 어떤 정치 세력이라 할지라도 마음을 열고 소통하려고 애쓸 것입니다."

선거에서 당선된 안드레스 파스트라니 대통령은 취임식에서 양복 옷깃에 평화와 소통을 상징하는 초록색 리본을 달았습니다. 그것은 메이얼리와 어린이들의 마음을 상징하는 것이기도 하지요.

메이얼리와 어린이들이 만든 〈콜롬비아 어린이 평화 운동〉은 1998년 노벨 평화상 후보로 선정되었습니다. 노벨 평화상 후보로 어린이들이 선정된 건 이때가 처음이었지요. 그 후 〈콜롬비아 어린이 평화 운동〉은 두 번이나 더 노벨 평화상 후보로 선정되었답니다.

현재 메이얼리는 일만 명 이상의 어린이들과 함께 〈콜롬비아 어린이 평화 운동〉을 이끌고 있습니다.

"우리 손으로 폭력을 뿌리 뽑고 평화로운 콜롬비아를 만들자!"

메이얼리와 〈콜롬비아 어린이 평화 운동〉 회원들은 이 목표를 이루기 위해서는 눈에 보이지 않는 벽을 허물고, 소통해야 한다고 끊임없이 주장하며 각종 캠페인을 펼치고, 언론과 학교 행사를 벌이고 있습니다.

메이얼리는 이렇게 말합니다.

"우리는 콜롬비아가 아름답고 평화로운 나라가 되기를 꿈꾸며 노력하고 있습니다. 하지만 평화는 노력만으로 이루어지는 것이 아닙니다.

어떤 노력을 기울어야 하는지가 더 중요합니다. 우리는 먼저 눈에 보이지 않는 벽을 허물고 서로의 얼굴을 마주 보아야 합니다. 콜롬비아의 모든 국민들의 마음속에 '소통이 평화의 지름길'이라는 생각이 뿌리내릴 때 이 땅에 마침내 평화가 찾아올 것입니다."

[평화를 사랑하는 어린이를 위한 다큐 동화]

무엇이 사람을 변화시키는가?

에이브러햄 링컨 1809~1865
미국의 제16대 대통령,
미국 노예 해방을 선언한 지도자

나는 오랫동안 링컨과 함께 일을 해 봤지만, 링컨이 강압적으로 사람들에게 **명령을 내리는 걸 본 적이 없습니다.** 하지만 우리는 그로 인해 하나가 되었고, **둘로 갈라졌던 나라는 하나로 묶였습니다.** 또한 링컨의 리더십은 그가 죽은 다음에도 **많은 사람들에게 영향을 끼치고 있습니다.**

미국의 제16대 대통령 링컨은 인종과 국경을 뛰어넘어 가장 위대한 대통령으로 기억되고 있습니다. 오랜 시간이 지난 지금까지도 링컨을 위대하게 여기는 까닭은 무엇일까요?
링컨의 마음속에는 항상 사람을 사랑하는 마음이 자리잡고 있었습니다. 링컨은 상대방을 기분 나쁘게 하지 않고, 부드럽게 자신의 뜻을 전달할 줄 아는 사람이었습니다. 또한 링컨은 대통령이라고 해서 남을 무시하지 않았습니다. 오히려 다른 사람의 말을 겸허하게 받아들일 줄 아는 사람이었지요.
나는 오랫동안 링컨과 함께 일을 해 봤지만, 링컨이 강압적으로 사람들에게 명령을 내리는 걸 본 적이 없습니다. 하지만 우리는 그로 인해 하나가 되었고, 둘로 갈라졌던 나라는 하나로 묶였습니다. 또한 링컨의 리더십은 그가 죽은 다음에도 많은 사람들에게 영향을 끼치고 있습니다.

'차이점을 존중하고, 편견 없이 세상을 보는 마음!'
나는 그것이 링컨이 인류 역사상 가장 위대한 지도자라고 불리는 이유라고 생각합니다.

 서로의 차이점마저 끌어안는 마음

　나는 링컨이 젊은 시절 변호사 사무실을 개업했을 때부터 늘 그와 함께했습니다. 나는 그의 오랜 친구이자 동지였습니다. 나는 그가 의원 선거에 줄줄이 낙방했을 때도, 그가 대통령이 되어 남북전쟁을 지휘할 때도 곁에 있었습니다. 나는 링컨을 평생 옆에서 보좌해 온 사람으로서 감히 링컨의 위대한 리더십의 비밀을 알고 있다고 자부합니다.

　링컨이 대통령 선거에 출마했을 때의 일입니다. 당시 링컨에게는 적이 아주 많았습니다. 초등학교밖에 졸업하지 못한 링컨이 대통령 선거에 나오자 그를 무시하는 사람이 많았습니다. 하찮은 시골 출신이라며 비웃는 사람도 있었습니다.

　그 가운데 특히 스탠턴이라는 사람은 링컨을 아주 싫어했습니다. 게다가 스탠턴은 민주당 의원이었고, 링컨은 공화당 의원이었습니다. 당시 미국에서는 정치인들이 공화당과 민주당으로 나뉘어서 사사건건 대립하고 있었습니다.

어느 날, 공교롭게도 링컨과 스탠턴이 같은 곳에서 연설을 하게 되었습니다. 스탠턴은 연설을 시작하자마자 링컨을 공격했습니다.

"여러분, 링컨의 얼굴을 한 번 보십시오. 저 얼굴이 도대체 우리 나라의 대통령이 될 얼굴입니까?"

사실 링컨은 얼굴이 잘 생긴 편은 아니었습니다. 얼핏 보면 키 큰 고릴라처럼 보이기도 했지요. 하지만 많은 사람들 앞에서 공개적으로 인신공격하다니! 정말 해도 너무한다는 생각이 들더군요.

"저는 고릴라를 잡으려면 아프리카로 가야 하는 줄 알았습니다. 하지만 이제는 생각이 바뀌었습니다.

링컨의 고향에 가면 얼마든지 고릴라를 잡을 수 있기 때문입니다."

나는 너무 화가 났습니다. 외모를 가지고 사람을 깎아내리는 스탠턴을 그냥 볼 수 없었습니다. 당장이라도 연단으로 뛰어올라 가서 스탠턴을 혼내 주고 싶었습니다. 하지만 링컨은 별다른 반응 없이 태평하게 앉아 있더군요.

스탠턴의 모욕적인 발언은 계속되었습니다.

"여러분, 링컨은 두 얼굴을 가진 사람입니다. 링컨에게 속지 마십시오. 그가 이 나라의 대통령이 된다면 커다란 재앙을 불러올 것입니다."

다음은 링컨의 차례가 되었습니다. 링컨은 미리 준비한 연설문을 그냥 자리에 놓고 연단 앞에 섰습니다. 그러고는 이렇게 연설을 시작했습니다.

"여러분! 제가 만약 두 얼굴을 가진 사람이라면 이처럼 중요한 자리에 이런 고릴라 같은 얼굴로 나왔겠습니까?"

그러자 그 자리에 모여 있던 사람들의 입가에는 빙그레 미소가 떠올랐습니다. 소리 높여 웃는 사람도 있었지요.

그날 연설은 링컨의 승리였습니다. 사람들은 남을 흉보는 스탠턴보다 신사적으로 연설을 한 링컨에게 더 후한 점수를 주었습니다. 하지만 이 일로 스탠턴과 링컨의 사이는 더 나빠졌습니다. 연설이 끝나자 스탠턴은 인사도 하지 않고 휙 나가 버렸습니다.

편견을 버려라

링컨이 대통령이 되고 나서도 스탠턴은 비난을 멈추지 않았습니다. 그는 전국을 돌아다니며 많은 사람들 앞에서 이렇게 말했습니다.

"여러분! 링컨이 대통령이 된 것은 국가적인 재난입니다. 지금이라도 대통령을 바꿔야 합니다."

나는 이 소식을 링컨에게 전할지 말지 몰라 망설이다 결국 보고를 올렸습니다. 그러자 링컨은 뜻밖에도 빙그레 미소를 지으며 말했습니다.

"스탠턴은 참 심지가 굳은 사람이야. 보통 정치인들은 대통령에게 잘 보이려고 아부를 하는데, 스탠턴은 내가 대통령이 되어도 자기 생각을 조금도 굽히지 않고 있잖아. 요즘처럼 나라가 남북으로 나뉘어서 대립하고 있을 때는 그렇게 심지가 굳은 사람이 필요해."

순간, 나는 내 귀를 의심했습니다. 하루가 멀다고 자신을 비난하고 모욕하는 사람을 칭찬하고 있었으니까요.

당시 미국에는 노예 제도가 있었습니다. 백인들은 아프리카에서 데려온 흑인 노예들을 마치 가축처럼 부렸지요. 흑인 노예들은 평생 백인들을 위해 일만 해야 했고, 어떤 사회적인 활동도 할 수 없었습니다. 또한 그들에게는 투표권도 자유도 없었습니다. 이런 노예 제도는 언젠가는 반드시 없어져야 할 제도였습니다.

하지만 이를 대하는 남부 사람들과 북부 사람들의 생각은 달랐습니다. 농업이 발달한 남부에서는 흑인 노예들이 농사를 도맡아 하고 있었습니다. 그래서 남부 사람들은 결사적으로 노예 해방을 반대했습니다. 하지만 공업이 발달한 북부에서는 노예 해방을 찬성하고 있었지요.

어느 날, 링컨이 갑자기 내게 물었습니다.

"여보게. 내가 노예 해방 선언을 하면 어떨까?"

나는 한참을 생각하다 반대 의견을 냈습니다. 그때 나는 굳이 남부와 싸우면서까지 노예를 해방시킬 필요가 없다고 생각했거든요.

하지만 링컨은 진정으로 통합된 나라를 만들고 싶다고 했습니다.

"피부색이 다르다고 사람을 가축처럼 부리는 건 잘못된 거야. 부자건 가난한 사람이건 모두 똑같은 미국 국민 아닌가? 백인과 흑인도 마찬가지일세. 일등 국민과 삼등 국민으로 나눠 놓은 상태에서 통합된 미국을 건설하는 건 불가능해. 미국을 통합하려면 꼭 노예를 해방시켜야 해."

결국 링컨은 노예 해방 선언을 했고, 이 일을 계기로 남부는 북부에 전쟁을 선포했습니다.

1861년 4월 12일. 사우스캐롤라이나 주 찰스턴에 있던 북군의 요새를 향해 남군이 폭격을 퍼부으면서 남북전쟁은 시작되었습니다.

"우리는 노예 해방을 반대한다. 우리는 따로 국가를 세우겠다."

남부의 사우스캐롤라이나 주, 루이지애나 주, 앨라배마 주, 조지아 주, 플로리다 주, 텍사스 주가 미연방을 탈퇴하여 독립 국가를 만들겠다고 선언했습니다. 북군과 남군은 신속하게 군사를 모집하고 전투 체제를 편성하기 시작했습니다.

나는 링컨에게 곧바로 북군의 전력에 대해 보고했습니다.

"현재 우리 북군은 남군에 비해 전투력이 떨어지는 편입니다. 남군은 토머스 장군의 지휘 아래 일사불란하게 움직이는 반면에 아직 우리에게는 전군을 제대로 통솔할 만한 사령관이 없습니다. 우선 군 통치 능력이 뛰어난 사령관을 뽑는 게 중요합니다."

링컨은 한참 동안 생각에 잠겨 있었습니다.

"스탠턴은 어떨까? 스탠턴이라면 잘할 수 있을 거 같은데?"

"네?"

나를 비롯한 참모들은 뜻밖의 말에 깜짝 놀라 자리에서 벌떡 일어났습니다.

"스탠턴이라니요? 대통령 각하를 항상 모욕하던 의원 아닙니까?"

"그래. 스탠턴이야말로 국방부 장관에 적임자야. 스탠턴이 승낙해 주면 좋겠군."

나와 참모들은 링컨의 결정을 받아들일 수 없었습니다.

"대통령 각하, 다시 한 번 생각해 주십시오. 스탠턴은 우리 원수나 마찬가지입니다. 그는 대통령 각하와 행정부를 모욕했습니다. 그런 사람을 국방부 장관으로 임명할 수 없습니다. 더군다나 그는 민주당 의원입니다."

그러자 링컨은 빙그레 웃으며 말했습니다.

"제발 편견을 버리게. 스탠턴이 나를 싫어하는 것과 그의 능력은 전혀 다른 문제일세. 그가 민주당 의원이면 어떻고, 나와 생각이 다르면 또 어떤가? 내가 가진 잣대로 다른 사람을 재다 보면 끝이 없어. 그 사람의 좋은 점보다 나쁜 점이 먼저 눈에 들어오고, 그러다 보면 미운 감정만 더 커지는 법이지. 하지만 편견을 버리고 객관적으로 스탠턴을 보면 그 사람은 뛰어난 능력이 있는 사람일세.

나는 단지 그가 나와 생각이 다르다고 해서, 그가 민주당 의원이라고 해서 그를 국방부 장관에 임명하지 말라고 하는 자네들을 이해할 수 없네. 그에게 우리 북군을 통솔할 능력이 있다면 우리는 당연히 그를 국방부 장관에 임명해야 해. 그것이 대통령이 해야 할 일일세."

사람을 변화시키는 힘

나는 링컨의 뜻을 전하기 위해 스탠턴을 찾았습니다. 소식을 전해 들은 스탠턴은 믿을 수 없다는 듯 몇 번이나 되물었습니다.

"그게 정말인가? 링컨 대통령이 나를 국방부 장관에 임명했다고?"

스탠턴은 이해할 수 없다는 표정으로 여러 차례 머리를 가로저었습니다. 그러더니 한참 만에 입을 열었습니다.

"알았네. 대통령께 내가 곧 백악관으로 가겠다고 전하게."

스탠턴이 백악관에 도착했다는 소식을 들은 링컨은 집무실에서 나와 문 앞에서 반갑게 그를 맞이했습니다.

"어서 오세요. 스탠턴 의원! 정말 오랜만입니다."

링컨이 악수를 청하자 스탠턴은 멋쩍게 웃으며 말없이 손을 내밀었습니다.

링컨은 스탠턴에게 국방부 장관 임명장을 건네주었습니다.

"스탠턴, 앞으로도 나를 반대하고 나에게 모욕적인 말을 해도 상관없습니다. 그런다고 내가 정말 고릴라가 되는 건 아니니까요."

스탠턴은 당황스러운 표정을 지었습니다. 그러자 링컨은 빙그레 웃으며 말을 이었습니다.

"사람들은 우리 둘에게 공통점이 하나도 없다고 말합니다. 그래서 늘 대립한다고 하지요. 하지만 난 그렇게 생각하지 않습니다. 당신과 나는 당도 다르고 생각도 다르지만, 우리에게는 공통점이 하나 있습니다. 바로 누구보다도 나라를 사랑한다는 것이죠.

나는 당신이 통합된 나라를 만들기 위해 열심히 일해 주리라 믿습니다."
 스탠턴은 아랫입술을 꽉 다문 채 링컨의 말을 듣고 있었습니다.

과연 스탠턴은 링컨의 기대에 어긋나지 않았습니다. 그는 링컨을 도와 남북전쟁을 아주 잘 이끌었습니다. 1861년부터 1865년까지 남북전쟁이 치러지는 동안 우리 북군에게는 여러 차례 위기가 닥쳐왔습니다.

1861년 7월 21일에는 남부 연합의 수도인 버지니아 주 리치먼드로 행군하던 북군 삼만 명이 토머스 장군이 이끄는 남군에게 패배하여 워싱턴 D.C.로 후퇴했습니다.

하지만 스탠턴은 군인을 더 모집하고 흩어진 군사력을 하나로 모아 다시 공격했습니다. 남군의 중요한 요새를 집중적으로 공격한 스탠턴의 작전 덕분에 북군은 승기를 잡을 수 있었습니다. 결국 남북전쟁은 북군의 승리로 돌아갔습니다.

남북전쟁을 승리로 이끌기 위해 스탠턴은 누구보다도 열심히 노력했습니다. 그는 모든 일에 앞장을 섰고 최선을 다해 전쟁을 지휘했습니다. 그런 모습을 옆에서 지켜보며 나는 이런 생각을 하곤 했습니다.

'만약 링컨이 스탠턴을 국방부 장관에 임명하지 않았다면 우리가 과연 전쟁에서 승리할 수 있었을까?'

1865년 4월 14일. 링컨이 한 극장에서 암살되었다는 소식을 듣고 가장 슬퍼한 사람은 바로 스탠턴이었습니다. 그는 가장 먼저 백악관으로 달려왔고 끝까지 링컨의 시신을 지켰습니다. 그는 링컨의 시신 앞에서 울먹이며 이렇게 말했지요.

"여기에 인류 역사에 가장 위대한 지도자가 누워 있습니다. 링컨은 사람을 변화시키는 힘을 가지고 있었습니다. 그 힘은 바로 편견을 버리고 사람들을 끌어안고 아우르는 넓은 마음입니다. 이제 그 넓고 따뜻한 마음은 인류 역사상 영원히 기억될 것입니다."

그토록 링컨을 맹렬히 비난하던 사람이 링컨을 '위대한 지도자'라고 말하는 모습을 보며 나는 링컨이 왜 인종과 국경을 뛰어넘어 가장 위대한 대통령으로 기억될 수 있는지를 분명하게 깨달았습니다. 바로 적마저 끌어안을 수 있는 링컨의 넓은 포용력 덕분이었지요.

[평화를 사랑하는 어린이를 위한 **다큐 동화**]

대화의 힘

넬사 쿠르벨로 1942~
폭력 조직과 사회의 화해를 이끈
에콰도르의 사회 활동가

남아메리카에 있는 에콰도르의 대도시 과야킬에는
폭력 조직에 몸을 담고 있는
조직 폭력배의 수가 무려 육만 명이나 됩니다.
그러다 보니 폭력 조직 간의 싸움이 하루도 끊이질 않았습니다.
조직 폭력배들이 일으키는 살인 사건이
한 달에 백 건 이상이나 되었습니다.
사건이 벌어지면, 신고를 한다 할지라도 쉽게 해결되지 않았습니다.
경찰도 겁을 먹고 빨리 출동하기를 꺼렸으니까요.

남아메리카에 있는 에콰도르의 대도시 과야킬에는 약 삼백만 명 정도의 사람이 살고 있습니다. 그런데 그 가운데 폭력 조직에 몸을 담고 있는 조직 폭력배의 수가 무려 육만 명이나 됩니다. 그러다 보니 폭력 조직 간의 싸움이 하루도 끊이질 않았습니다. 벌건 대낮에 거리에서 총격전이 벌어지기도 하고, 다른 폭력 집단이 운영하는 건물에 폭탄을 던지기도 했습니다. 사람들은 폭력배들이 무서워서 마음 놓고 거리를 걸어 다닐 수도 없었습니다.

과야킬에서는 조직 폭력배들이 일으키는 살인 사건이 한 달에 백 건 이상이나 되었습니다. 경찰들조차 폭력배들을 두려워했지요. 사건이 벌어지면, 신고를 한다 할지라도 쉽게 해결되지 않았습니다. 경찰도 겁을 먹고 빨리 출동하기를 꺼렸으니까요.

나는 비록 할머니였지만, 이런 과야킬에 평화를 정착시키기 위해 무슨 일이든 해야 한다고 생각했습니다.

 폭력을 물리칠 수 있는 방법

"탕! 탕! 탕!"

갑작스러운 총소리가 나자 슈퍼마켓에서 나오던 사람들이 도로에 납작 엎드렸습니다. 나도 얼떨결에 엎드렸지요.

에콰도르는 무질서한 나라입니다. 특히 내가 살고 있는 대도시인 과야킬에서는 하루라도 폭력이 일어나지 않는 날이 없었습니다. 사람들은 과야킬을 '폭력 도시'라고 불렀습니다.

"포, 폭탄이다! 폭파한다!"

순간, 나도 모르게 옆에 있던 아이를 팔로 감싸 안았습니다. 겁을 먹은 아이의 심장이 쿵쾅쿵쾅 빠르게 뛰고 있었습니다. 나는 아이가 안심할 수 있도록 온몸으로 아이를 꼭 끌어안았지요.

꽝!

귀청을 찢는 듯 날카로운 폭발음이 들리더니 사방에서 다시 총성이 울려왔습니다. 내 품에 안겨 있던 아이는 사시나무처럼 떨었습니다.

"애야, 걱정 말아라. 곧 끝날 거야."

나는 아이의 등을 토닥여 주면서 총격전이 끝나기를 기다렸습니다.

얼마나 시간이 지났을까요. 총소리가 멈추자 무거운 정적이 거리를 짓눌렀습니다. 나는 눈을 뜨고 거리를 살폈습니다. 거리는 그야말로 난장판이었습니다. 사방에 피가 흥건했고, 폭파된 자동차에서는 불길이 치솟고 있었습니다. 나는 아직도 공포에 떨고 있는 아이를 일으켜 세웠습니다.

아이가 울 것 같은 표정으로 말했지요.

"할머니! 고마워요."

나는 떨고 있는 아이를 꼭 안아 주었습니다.

"그래, 그래! 괜찮아. 이제 다 끝났어."

나는 아이를 집까지 바래다주었습니다. 집까지 가는 동안 아이는 아무 말도 없었습니다. 집 앞에 다다르자 아이가 슬픈 목소리로 나를 불렀습니다.

"할머니!"

"응? 무슨 할 말이라도 있니?"

"예. 조금 전에 저를 일으켜 세우면서 '이제 다 끝났어.'라고 말씀하셨지요?"

아이는 눈물을 흘리지 않으려는 듯 아랫입술을 꽉 깨물고 있었습니다.

"할머니가 틀렸어요. 내일도 똑같을 거예요."

아이는 아마 늘 그래왔듯이 내일도 똑같은 폭력 사태가 반복될 거라는 이야기를 하고 싶었던 모양입니다.

나는 아이의 슬픈 눈을 차마 똑바로 바라볼 수가 없었습니다.

'아, 이 도시의 폭력 사태가 아이들의 꿈마저 빼앗고 있구나.'

그날 밤, 나는 아침이 환하게 밝아 올 때까지 책상에 앉아 고민을 거듭했습니다.

'이 도시에서 폭력 사태를 줄일 수 있는 방법이 없을까? 내가 할 수 있는 일은 무엇일까?'

처음에는 아무런 생각도 떠오르지 않았습니다. 총과 칼을 든 폭력배들을 상대로 여자인 내가 무슨 일을 할 수 있었겠습니까? 그때 내 나이는 쉰일곱 살이었습니다. 나는 남들의 눈에 그저 늙고 힘없는 할머니였을 뿐이었지요.

하지만 나는 무언가를 해야 한다는 생각을 떨칠 수가 없었습니다.

'폭력 도시라는 명예롭지 못한 별명이 붙은 이 도시를 위해 나도 뭔가를 해야 해! 이대로 지켜보는 건 비겁한 짓이야. 힘을 내! 넬사, 넌 할 수 있어.'

〈세르파스〉를 만들다

1999년, 나는 폭력 예방을 위한 단체인 〈세르파스〉를 만들고 회원을 모집했습니다. 세르파스는 스페인어로 '평화'라는 뜻입니다.

나는 조그마한 사무실 유리창에 '폭력 예방을 위한 단체인 〈세르파스〉의 회원을 모집합니다.'라고 쓴 종이를 붙였지요. 인터넷에도 광고를 냈습니다.

하지만 한 달이 지나도 회원이 되겠다는 사람은 단 한 명도 나타나지 않았습니다. 나는 할 수 없이 거리로 나가 회원을 모집하기로 했습니다.

나는 사람들이 많이 지나다니는 거리에 서서 푯말을 들고 소리를 쳤습니다.

"여러분! 〈세르파스〉는 이 도시의 폭력 예방을 위한 단체입니다. 잠깐 걸음을 멈추고 제 말 좀 들어주세요."

처음에 사람들은 내 말을 들은 척도 하지 않았습니다. 하지만 계속해서 사람들을 붙잡고 이야기를 했더니 〈세르파스〉에 가입하겠다는 사람들이 하나 둘씩 생기기 시작했습니다. 나는 그들과 함께 주마다 한 번씩 회의를 하면서 폭력을 추방하자고 결의를 다졌지요.

하지만 곧 문제가 생겼습니다. 회원들이 우리가 하는 회의를 아무 의미도 없다고 생각하기 시작한 것입니다.

"쿠르벨로 씨! 우리는 범죄를 예방하고 폭력을 막자는 데 동의합니다. 그런데 어떤 방법으로 조직 폭력배들의 폭력을 막겠다는 거죠?"

"맞아요. 조직 폭력배들을 찾아다니며 '폭력을 휘두르지 맙시다.' 라고 쓴 푯말을 들고 구호를 외친다고 그들이 폭력을 멈출까요?"

나는 망치로 머리를 한 대 얻어맞은 기분이었습니다.

'맞아. 내가 생각이 짧았어. 폭력을 예방할 수 있는 방법부터 생각했어야지.'

너무 부끄러워서 쥐구멍이라도 있으면 들어가고 싶은 심정이었지요.

그날 이후, 나는 조직 폭력배들의 폭력을 막을 수 있는 방법을 찾기 위해 노력을 기울였습니다. 도서관을 찾아가 책을 읽기도 하고, 전문가들을 만나 상담도 했지요. 하지만 뾰족한 수를 찾을 수가 없었습니다. 사람들은 그저 '폭력보다는 평화를 사랑해야 하고 서로 이해를 해야 합니다.'라며 원칙적인 얘기만 늘어놓을 뿐이었습니다.

그러던 어느 날, '만돌라'라는 사람이 나를 찾아왔습니다. 만돌라 씨는 자신이 예전에 조직 폭력배였다고 말했습니다.

"쿠르벨로 씨! 주제넘지만 제가 충고 하나 해도 될까요?"

나는 그가 전에 조직 폭력배였다는 말에 귀가 솔깃해졌습니다.

"물론이지요. 어떻게 하면 폭력을 예방할 수 있을까요?"

만돌라 씨는 한참 동안 주저하다가 겨우 말했습니다.

"쿠르벨로 씨! 이 도시에서 폭력을 일으키는 조직 폭력배들과 한 번이라도 직접 얘기를 나눠 본 적이 있으십니까?"

"아…… 아, 아니오."

당황한 나는 나도 모르게 말을 더듬었습니다.

"역시 그렇군요."

만돌라 씨는 약간 퉁명스럽게 받아쳤습니다.

"이 도시에 평화를 가져오려면 폭력을 휘두르는 조직 폭력배들과 직접 만나서 그들의 이야기를 들어 봐야 합니다. 저쪽에서는 폭력을 휘두르고 있고, 이쪽에서는 폭력을 휘두르면 안 된다고 하면서 왜 직접 만나서 얘기를 하지 않나요? 얘기를 나눠 보면 그들의 입장을 더 잘 이해할 수 있고, 그들의 입장을 이해하게 되면 폭력을 막을 수 있는 구체적인 방법을 찾을 수 있지 않을까요?"

만돌라 씨가 돌아간 뒤, 나는 동상처럼 꼿꼿이 선 채 창밖의 풍경을 내다보았습니다. 창밖에는 뜨거운 햇볕이 쨍쨍 내리쬐고 있었습니다. 그러나 그 평화로운 순간은 얼마가지 못했습니다. 갑자기 정적을 깨고 멀리 경찰차의 사이렌 소리가 들려왔지요.

그 순간, 나는 깨달았습니다.

'그래! 나는 그동안 공허한 구호만 외치고 있었어. 진정으로 이 도시의 평화를 원한다면 먼저 조직 폭력배들을 만나서 그들의 이야기를 들어 봐야 해. 그들과 마음을 터놓고 이야기를 나눠 보지도 않고, 무조건 '폭력을 휘두르지 말고, 평화를 사랑합시다.' 라는 구호만 외치는 건 아무 소용이 없어.'

조직 폭력배들과 대화를 나누다

내가 직접 조직 폭력배를 만나 대화를 해 보겠다고 하자 〈세르파스〉 회원들은 깜짝 놀랐습니다.

"쿠르벨로 씨! 너무 위험해요. 다시 한 번 생각해 보세요. 쿠르벨로 씨는 아무 힘도 없는 평범한 할머니일 뿐이에요. 슈퍼맨도 아니고, 영웅도 아니라고요. 그런 당신이 무서운 조직 폭력배들을 만난다고요?"

"맞아요. 폭력배들은 당신의 이야기를 들으려 하지 않을 거예요. 그들은 누구의 말도 안 들으니까요. 오로지 조직의 보스 말만 따르지요."

나는 걱정하는 사람들을 향해 고개를 끄덕였어요.

"그래서 제가 폭력배들을 직접 만나서 이야기를 들어 보려고 해요. 그들이 우리 이야기를 들으려 하지 않는 것처럼 우리도 그들의 이야기를 들으려 하지 않았잖아요."

물론 나 역시 그들이 두렵지 않았던 것은 아니었습니다. 그들이 사람들을 해치고 폭력을 일삼는 장면을 한두 번 본 게 아니었으니까요. 하지만 두려움 때문에 물러서고 싶지는 않았습니다.

나는 두려운 생각이 들 때마다 만돌라 씨의 말을 떠올렸습니다. 만돌라 씨는 지금 양쪽이 너무 다른 생각을 갖고 있다고 했지요. 한쪽은 폭력만이 문제를 해결할 수 있는 길이라고 믿고 있고, 또 다른 한쪽은 폭력을 절대 사용하면 안 된다는 생각을 갖고 있다고요.

그런데 둘은 서로를 비난하기만 할 뿐 직접 만나서 얘기를 하려고 하지 않으니 무슨 소통이 되고 진전이 있겠느냐고 내게 되물었지요.

나는 그의 말을 곱씹으면서 조직 폭력배들을 만나 보기로 결심했습니다

다. 하지만 그들과 마음을 터놓고 이야기를 하는 건 둘째 치고, 만나서 인사를 나누는 것조차 힘이 들었습니다. 어떤 사람들은 나를 위협하기도 했습니다.

"귀찮은 할망구, 자꾸 말 시키지 마시오."

"한 번만 더 귀찮게 하면 가만 안 두겠어."

증오로 가득 찬 그들의 눈에는 살기가 번득였습니다. 그럴 때마다 나는 두려웠습니다. 이 일을 포기해야 하는 게 아닌가 하는 생각이 머릿속을 맴돌았지요. 하지만 나는 끝까지 그들을 찾아갔습니다. 그들이 언젠가 나와 마음을 열고 대화하리라고 굳게 믿었기 때문입니다.

나는 조직 폭력배들과 헤어질 때마다 일일이 명함을 나눠 주었습니다.

"지금 당장 나와 이야기하자는 게 아닙니다. 마음이 바뀌면 언제든 저에게 연락을 주세요."

명함을 받자마자 그 자리에서 찢어 버리는 사람도 있었고, 나를 비웃는 사람도 있었습니다. 하지만 나는 실망하지 않았습니다.

'언젠가 저들도 마음을 열고 얘기할 때가 있을 거야.'

그렇게 이 년이라는 세월이 흘렀습니다.

조직 폭력배들이라고 해서 다 나쁜 사람들이 아니었습니다. 나는 그들과 만나 조금씩 대화를 해 나가면서 대부분은 보통 사람들과 크게 다

르지 않다는 걸 깨달았습니다.

그러던 중 나는 '알리'라고 하는 조직 폭력배를 만났습니다. 알리는 이제 갓 스무 살을 넘긴 앳된 청년이었지요.

알리도 처음에는 쭈뼛쭈뼛하며 나를 멀리했습니다. 하지만 차츰 우리는 사소한 농담을 주고받는 사이가 되었습니다. 그러자 알리는 조금씩 마음을 털어놓기 시작했습니다.

"왜 제가 폭력 조직에 가입했느냐고요? 정말 몰라서 물어보세요? 사회가 불평등하기 때문이잖아요. 우리 주위를 한 번 둘러보세요! 대학을 나오고 배운 사람만 좋은 직장에 들어갈 수 있잖아요. 저처럼 배우지 못한 사람들은 직장에 들어가기도 어렵고 사회에서도 무시당하기 일쑤라고요."

보통 사회 운동가들은 조직 폭력배들을 만나면 무조건 그들을 설득하려고 합니다. '빨리 네가 지은 죄를 뉘우치고 새사람이 되어라.' 하는 식으로 설교하지요.

하지만 나는 그렇게 하지 않았습니다. 일방적으로 설교를 하면 오히려 더 큰 벽이 생긴다는 걸 잘 알고 있었거든요. 그래서 나는 알리의 말을 가만히 들어주었습니다.

"이런 불평등한 사회에서 살아남기 위해서는 힘이 있는 곳에 소속되어 있어야 해요. 혼자 힘으로는 이 사회에서 살아남기 어려우니까요."

알리의 말을 듣는 순간, 마침내 나는 이 년 동안 찾던 답을 찾아냈습니다. 조직 폭력배들은 불평등한 사회에서 살아남기 위해 폭력 조직에 가입했던 것입니다. 결국 그들도 불평등한 사회의 피해자라는 생각이 들었습니다.

폭력을 예방할 수 있는 방법

어느덧 오 년이 흘렀습니다. 그사이 나는 조직 폭력배들 사이에서 꽤 유명한 할머니가 되어 있었습니다.

"쿠르벨로 할머니! 쉬는 날도 없으세요?"

젊은 청년들은 나에게 먼저 농담을 건네기도 했습니다.

그들은 내가 폭력 조직에서 탈퇴하라고 말할 줄 알았나 봅니다. 하지만 나는 그렇게 하지 않았습니다.

"자네들은 절대 폭력 조직에서 탈퇴하면 안 되네. 무슨 일이 있어도 함께해야 하네."

"네?"

그들은 내 말이 믿기지 않는 듯 눈을 동그랗게 뜨고 나를 바라봤습니다.

"맙소사, 이 할머니가 지금 뭐라고 하는 거야. 혹시 정신이 이상해지기라도 했나?"

"자네들은 절대 폭력 조직에서 탈퇴하면 안 된다고 했네. 그게 왜?"

그들은 피식 웃음을 터트렸습니다. 폭력 조직에 계속 남아 있으라는 내 말이 뜻밖이었던 것입니다. 하지만 나는 그것이 올바른 해결책이라고 생각했습니다.

그들 대부분은 불평등한 사회에 적응하지 못하고 폭력 조직에 몸을 담은 사람들이었습니다. 그런 그들이 폭력 조직에서 탈퇴한다고 해서 잘 살아갈 수 있을까요?

그들에게 필요한 것은 소속감이었습니다. 이 힘든 사회에서 그들은 어딘가에 소속되어 일을 해야 했던 것이죠. 그래서 나는 폭력 조직원 한 명 한 명을 폭력 조직에서 탈퇴시키는 것보다 폭력 조직 자체를 바꾸는 게 옳은 방법이라고 판단했습니다.

폭력 조직의 보스들을 만나서 폭력을 멈추고, 자부심과 경제적 안정을 가질 수 있는 다른 일을 찾아보라고 권유했지요. 그렇게 폭력 조직과 사회가 화해를 이루어 나가도록 하는 것이 내가 할 일이라고 생각했습니다.

나는 날마다 폭력 조직의 보스들을 찾아다녔습니다. 조직 폭력배들은 보스의 말을 따르기 때문에 여러 명의 조직원들을 설득하는 것보다는 조직의 보스 한 명을 설득하는 게 훨씬 더 효과적이었으니까요.

어느새 나는 그들 사이에서 '잔소리쟁이 할머니'라는 별명으로 통하게 되었습니다.

"아이코, 잔소리쟁이 할머니! 오늘은 또 무슨 잔소리를 하려고 찾아오셨어요?"

나는 늘 솔직하게 마음을 터놓고 대화하려고 노력했습니다. 그래서인지 그들도 나를 적대감 없이 대해 주었습니다.

"이보게. 범죄를 저지르지 않고 동료들과 함께 열심히 일할 수 있는 일을 찾아보자니까."

"쿠르벨로 할머니! 저희도 그러고 싶지요. 하지만 저희 같은 조직 폭력배들이 무슨 일을 할 수 있겠어요?"

"왜 없어? 빵집을 운영할 수도 있고, 미용 기술을 배워 미장원에서 일할 수도 있잖아."

"아유, 할머니! 말이 쉽지요. 저희가 그런 일을 어떻게 해요?"

"왜 못해? 그동안 자네들은 사회가 불평등하다고 불만을 늘어놓았어. 하지만 그런 사회와 화해하려고 시도해 본 적이 있어?"

처음에는 생각의 차이가 너무 컸습니다. 하지만 계속해서 대화를 하자 그 생각의 차이는 조금씩 줄어들기 시작했습니다.

"쿠르벨로 할머니! 알았어요. 할머니 말씀대로 해 볼게요."

마침내 한 폭력 조직의 보스가 조직원들의 의견을 물어보고 결정하겠다고 했습니다.

"앞으로 범죄를 저지르지 않고 동료들과 함께 일을 해서 밥벌이를 하겠다고 약속할 수 있는 사람들은 앞으로 나서라."

보스는 슬쩍 내 얼굴을 바라보며 어깨를 으쓱거렸습니다. '봐요, 할머니! 아무도 나서는 사람이 없잖아요!' 라는 몸짓이었지요.

하지만 폭력 조직 보스의 생각은 보기 좋게 틀렸습니다. 무려 절반이 넘는 사람들이 앞으로 나섰거든요.

그들 대부분은 마지못해 폭력 조직에서 일을 하고 있었던 것이었습니다. 사회에서 그들에게 평등하게 기회를 주었다면 어쩌면 그들은 누구보다도 성실하게 사회생활을 했을지도 모르지요.

그들이 앞으로 나서자, 보스는 깜짝 놀라서 나를 멍하니 봤습니다. 나는 활짝 웃으며 어깨를 으쓱했지요.

그 후, 동료들과 함께 정정당당하게 밥벌이를 하며 살겠다고 약속을 한 조직원들은 은행에서 대출을 받아 작은 사업을 시작했습니다.

물론 은행에서는 선뜻 돈을 빌려 주려고 하지 않았습니다. 나는 은행장들을 찾아다니면서 이들에게 돈을 빌려 주어야 하는 이유에 대해 설명하고, 대출을 받게 해 달라고 부탁했습니다. 나만이 아니라 세르파스 회원들이 다 함께 나서서 부탁했지요.

그러한 노력들이 빛을 발한 덕분에 조직 폭력배들은 정상적인 방법으로 은행에서 대출을 받아 사업체를 가질 수 있게 되었습니다.

대화와 소통의 힘

내가 〈세르파스〉를 만들고 활동한 지 어느덧 십 년이 흘렀습니다. 나는 예순일곱 살의 꼬부랑 할머니가 되었지요. 내 손은 더 쭈글쭈글해졌고, 눈은 침침해서 안경 없이는 앞을 볼 수 없을 정도로 나빠졌습니다.

하지만 나와 달리 좋아진 것이 하나 있었습니다. 바로 과야킬의 거리였습니다. 어느새 과야킬 거리의 범죄는 예전의 절반 이하로 줄어들었고, 거리는 평온을 되찾았습니다.

과야킬 거리에서는 폭력 조직에 몸담았던 청년들은 빵집, 정육점, 슈퍼마켓, 미장원 따위에서 즐겁게 일하고 있는 모습을 흔하게 볼 수 있습니다.

한때 서로 싸우던 다른 폭력 조직의 조직원과 함께 프린터 가게를 운영하고 있는 다니엘 레고비아 씨는 한 신문 기자와의 인터뷰에서 이렇게 말했습니다.

"예전에 우리는 서로에게 총을 겨눴지만 이제는 달라졌습니다. 모두 쿠르벨로 할머니 덕분이지요. 그분이 계셔서 지금의 우리가 있는 것입니다."

나는 이 글을 보고 눈물을 훔쳤습니다. 지난 십 년 동안의 노력이 헛되지 않았다는 생각이 들었던 것이죠.

요즘은 만나는 사람마다 내가 기적을 일궈 냈다고 나를 치켜세웁니다. 하지만 그것은 절대 기적이 아니었습니다. 그것은 대화와 소통의 힘이었습니다.

나는 십 년 동안 한결같이 그들과 대화를 나눠 왔습니다. 그러면서 그들의 문제를 조금씩 알게 되었지요.

만약 우리 사이에 진정한 대화가 없었다면 오늘날 같은 일은 절대 없었을 겁니다. 대화가 우리를 서로 소통하게 해 주었고, 그것이 과야킬의 평화를 이끌어 낸 것입니다.

[평화를 사랑하는 어린이를 위한 **다큐 동화**]

우리의 삶은
우리에게 달려 있다

아셀 아슬레 1983~2000
팔레스타인과 이스라엘의
평화를 위해 노력한 어린이

팔레스타인과 이스라엘은 서로 총부리를 겨누고 1948년부터 1973년까지 영토 전쟁을 벌였습니다. 결과는 이스라엘의 승리였습니다. 팔레스타인들은 하루아침에 나라를 잃어버린 신세가 되었지요. 이스라엘의 입장은 단호했습니다.
"팔레스타인은 이 땅에서 물러나라."

아셀 아슬레가 태어난 팔레스타인은 원래 수천 년 전에 유대인들이 살던 곳입니다. 하지만 이천여 년 전 이 지역을 지배하던 로마 제국이 유대인들을 추방하면서 이곳은 아랍인들의 땅이 되었습니다. 나라를 잃고 떠돌던 유대인들은 제1차 세계대전 후 아랍인들이 머무르던 지역에 '이스라엘'이라고 하는 독립된 국가를 세웠습니다. 하지만 이미 그곳에는 아랍인들이 세운 나라 '팔레스타인'이 있었습니다. 문화, 종교, 언어, 민족이 다른 팔레스타인과 이스라엘은 서로 총부리를 겨누고 1948년부터 1973년까지 영토 전쟁을 벌였습니다. 결과는 이스라엘의 승리였습니다. 팔레스타인들은 하루아침에 나라를 잃어버린 신세가 되었지요. 이스라엘의 입장은 단호했습니다.

"이 땅은 원래 이천 년 전에 우리 조상들이 살던 곳이다. 그러니까 우리가 이 땅을 차지해야 한다. 팔레스타인은 이 땅에서 물러나라."

하지만 팔레스타인 사람들도 물러서지 않았습니다.

"그건 먼 과거의 일일 뿐이다. 이 땅은 우리 것이다. 우리는 팔레스타인의 독립을 위해 끝까지 싸울 것이다."

그 뒤, 두 민족이 서로 총부리를 겨누고 있는 땅에서 하루도 거르지 않고 총소리가 울려 퍼지게 되었습니다.

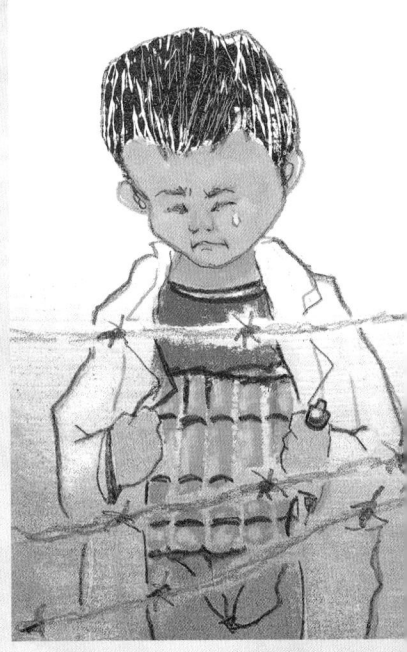

 과연 내가 뭘 할 수 있을까?

열네 살이 된 아셀 아슬레는 하루도 마음 편히 뛰놀아 본 적이 없습니다. 잠을 잘 때도, 학교에 갈 때도, 친구들과 놀고 있을 때도 항상 불안해했지요. 언제 어디서 폭탄이 날아올지 몰랐으니까요.

아슬레가 사는 곳은 늘 시위대의 구호 소리와 총성이 울려 퍼지는 참혹한 곳이었습니다.

그날도 아슬레는 팔레스타인 시위대들의 요란한 구호 소리에 눈을 떴습니다. 아슬레에게 그들의 목소리는 아주 익숙한 것이었습니다.

"우리 땅을 무력으로 빼앗은 이스라엘을 몰아내자!"

아슬레는 조마조마한 마음을 억지로 누르며 가방을 메고 거리로 나갔습니다. 그때였습니다. 시위대를 둘러싼 이스라엘 군인들이 소리치는 모습이 보였습니다.

"한 발자국만 더 움직이면 쏘겠다!"

"당장 보안 철조망에서 떨어져라!"

아슬레는 이스라엘이 마을 주변에 빙 둘러 쳐 놓은 철조망을 보았습니다. 아슬레는 얼른 눈을 다른 곳으로 돌려 보려고 애썼습니다. 곧이어 날카로운 총소리가 울려 퍼지고 사람들의 비명이 터졌습니다. 아슬레는 두 손으로 귀를 막은 채 눈을 질끈 감고 달렸습니다.

그 시각, 아슬레의 단짝 친구인 피아르가 사는 마을에서는 더 끔찍한 일이 벌어지고 있었습니다. 마을 안으로 갑자기 군용 차가 들이닥치더니 군인들이 우르르 내리기 시작했지요. 이스라엘 군인들은 피아르네 마을에 무장 시위 단체들이 숨어 있다고 생각했던 것입니다.

"의심스러운 사람이 보이면 무조건 쏴라. 모두 죽여도 좋다."

피아르네 마을 사람들은 평범한 시민들이었지만 군인들은 아랑곳하지 않고 총을 쏴 대기 시작했습니다.

베란다에서 빨래를 널고 있던 피아르의 엄마도 군인들이 마구잡이로 쏘아 대는 총에 맞아 쓰러졌지요. 피아르는 겁에 질려서 엄마를 불렀습니다.

"엄마!"

"안 돼, 피아르! 어서 도망 쳐!"

그 순간, 이스라엘 군용 차에서 쏜 폭탄이 엄마가 누워 있는 곳으로 떨어졌습니다.

꽈, 꽝!

피아르의 엄마는 순식간에 불길에 휩싸여 버렸습니다.

이 일이 있고 난 뒤, 피아르는 아주 딴사람이 되었습니다. 단짝 친구인 아슬레가 말을 붙여도 자꾸 피하기만 했습니다.

아예 학교에 오지 않는 날도 많았습니다. 아슬레는 그런 피아르가 걱정이 되어서 일부러 집까지 찾아가 보았습니다. 그런데 피아르의 집은 텅 비어 있었습니다.

그러던 어느 날, 아슬레는 하굣길에 우연히 피아르를 만났습니다. 피아르는 이스라엘이 쳐 놓은 보안 철조망 근처에서 멍하니 서 있었습니다.

"피아르!"

아슬레는 큰 소리로 피아르를 불렀습니다.

"피아르! 여기서 뭐해? 그동안 어떻게 지냈어?"

아슬레는 가까이 다가가 피아르의 어깨에 손을 올려놓았습니다. 피아르는 그제야 꿈에서 깨어난 듯 아슬레를 바라봤습니다.

"아, 아슬레……."

"피아르, 너 왜 그래? 괜찮은 거니?"

피아르가 다급하게 말했습니다.

"아슬레, 빨리 피해. 당장 여기서 도망쳐."

"뭐라고?"

피아르는 주위를 살피더니 살며시 자기의 겉옷을 풀어 헤쳤습니다.

순간, 아슬레는 너무 놀라 말을 이을 수 없었습니다. 피아르의 몸에는 폭탄이 칭칭 감겨 있었던 것입니다.

"아슬레, 난 죽음을 선택했어. 팔레스타인을 괴롭히는 이스라엘 군인들에게 원수를 갚고 하늘나라로 가서 엄마를 만나겠어. 우리는 끝까지 이스라엘과 싸워야 해. 절대 이스라엘 사람들과 같은 하늘 아래 살 수 없어."

피아르는 아슬레의 등을 거칠게 떠밀었습니다.

"아슬레, 넌 빨리 도망쳐! 여기 있으면 같은 패거리라고 오해를 받을지도 몰라. 어서 가, 어서!"

아슬레는 어떻게 거리를 건넜는지 생각이 나지 않았습니다. 아슬레가 길 건너 골목을 막 벗어나는 순간!

쾅!

주변 건물의 유리창이 와장창 깨질 정도로 큰 폭발음이 거리를 뒤덮었습니다. 아슬레는 그 자리에 쭈그리고 앉아 머리를 감싸 쥐었습니다.

온몸에 폭탄을 칭칭 감고 있었던 피아르의 모습이 자꾸만 떠올랐습니다.

"아아, 우리는 왜 날마다 이렇게 살아야 하는 걸까? 복수는 또 다른 복수를 부르고, 피는 또 다른 피를 부르고 있어."

이스라엘과 팔레스타인이 평화를 이루는 길

"이건 내가 살고 싶은 삶이 아니야. 팔레스타인과 이스라엘 사람들이 평화롭게 살려면 지금처럼 대립해서는 안 돼. 무언가 다른 방법을 찾아야 해. 하지만 과연 내가 뭘 할 수 있을까?"

아슬레는 날마다 폭력 사태가 벌어지는 지옥 같은 현실에서 벗어날 수 있는 방법을 찾아보았습니다.

그러다 〈평화의 씨앗〉이라는 단체를 알게 되었지요.

"〈평화의 씨앗〉은 미국에 본부를 두고 있습니다. 우리는 서로 미워하고 대립하고 있는 나라의 젊은이들을 모아 그들이 지금까지 증오해 왔던 사람들의 진정한 모습을 보여 주는 단체입니다."

아슬레는 곧 〈평화의 씨앗〉에 가입했고 〈평화의 씨앗〉이 주관하는 여름 캠프에 참가했습니다.

그 캠프에는 아이젠바움이라는 이스라엘 소녀도 있었습니다.

아슬레는 아이젠바움을 보자 머뭇거렸습니다. 아슬레 같은 팔레스타인 아이들은 태어나면서부터 이스라엘 사람들을 적으로 생각하라는 교육을 받으며 자라거든요.

그래서 아슬레는 이스라엘 소녀 아이젠바움에게 선뜻 다가갈 수 없었습니다. 그때 아이젠바움이 아슬레에게 먼저 손을 내밀었습니다.

"안녕! 나는 아이젠바움이라고 해."

아슬레는 쭈뼛거리며 서 있었습니다. 그러자 아이젠바움이 이렇게 말했습니다.

"난 이스라엘 사람이지만 팔레스타인 사람들의 입장을 이해해. 조상 대대로 살던 땅을 하루아침에 잃어버렸으니 그 심정이 오죽하겠어?"

아슬레는 깜짝 놀란 눈으로 아이젠바움을 바라봤습니다. 이스라엘 사람의 입에서 그런 말이 나오리라고는 꿈에도 생각하지 못했거든요.

"난 하루빨리 이스라엘과 팔레스타인이 함께 평화롭게 사는 날이 오면 좋겠어. 넌 어떻게 해야 이 땅에 평화가 찾아오리라고 생각하니?"

아슬레가 말을 못 하고 우물쭈물하자 아이젠바움이 말했습니다.

"난 서로 입장을 바꿔서 생각해 봐야 한다고 생각해. 이스라엘은 팔레스타인이 되어 생각해 보고, 팔레스타인은 거꾸로 이스라엘의 입장이 되어 생각해 보는 거지."

아이젠바움의 말을 듣는 순간, 아슬레의 머릿속에 한 줄기 빛이 비치는 듯했습니다.

'그래, 아이젠바움의 말이 옳아. 서로 입장을 바꿔서 생각해 보는 게 중요해. 그렇지 않고 자기만 옳다고 주장해 봐야 아무 소용이 없어.'

그 후, 아슬레는 언제 어디서건 사람들을 만나면 서로 입장을 바꿔서 생각해 보기를 권유했습니다.

아슬레는 〈평화의 씨앗〉 캠프에서 만났던 이스라엘 친구들을 집으로 초대해서 조촐한 파티를 열기도 했습니다. 아이젠바움은 아슬레가 사는 팔레스타인 마을을 직접 와 보고 많은 것을 깨달았다고 말했습니다.

"이스라엘 어른들이 말하는 게 모두 사실이 아니라는 걸 알았어. 내가 너희 동네에서 본 팔레스타인 사람들은 흉악한 테러리스트가 아니라 평화를 사랑하는 평범한 사람들이었어. 다만 잃어버린 나라와 땅을 되찾으려고 할 뿐이지. 아슬레! 나도 너를 우리 집에 초대하고 싶어."

아슬레는 아이젠바움의 집에 초대받아 이스라엘의 평범한 가족들과 함께 식사를 해 보고 아이젠바움과 똑같은 걸 느꼈습니다.

'아, 이 사람들도 우리와 똑같은 사람들이구나. 이들도 우리 팔레스타인 사람들처럼 가족을 소중하게 여기고 평화를 원하고 있어. 이들의 입장에서 보면 이천 년 전에 예루살렘은 이들의 땅이었어. 불행한 역사의 소용돌이에 휘말려 지금껏 나라 없이 떠돌아 다녔으니 얼마나 슬픔이 많겠어. 이제 이들의 입장도 조금은 이해할 수 있어. 우리는 현실을 똑바로 봐야 해. 이스라엘과 팔레스타인이 서로 자기 입장만 내세워 봤자 아무 도움이 안 돼. 이곳이 누구의 땅인지를 놓고 으르렁대기보다는 함께 살 수 있는 방법을 찾는 게 중요하지 않을까?'

그 후, 아슬레는 비록 나이가 어렸지만 이스라엘과 팔레스타인의 평화를 위해 많은 노력을 했습니다.

1998년에는 스위스 빌라르에서 열린 〈중동 청소년 정상 회의〉에서 '빌라르 헌장'을 발표했습니다.

"이스라엘과 팔레스타인이 예루살렘을 공유할 것을 요구합니다."

또한 아슬레는 〈씨앗망〉이라고 하는 채팅 방에 '이스라엘과 팔레스타인이 평화를 이루는 길'이라는 글을 써서 올렸고, 여러 곳에서 연설을 하기도 했습니다. 열정적이고 호소력 넘치는 글과 연설 덕분에 팔레스타인과 이스라엘 사람들 모두가 아슬레를 친구라고 불렀습니다.

우리의 삶은 우리의 손에 달려 있다

하지만 안타깝게도 아슬레는 자신이 심은 평화의 씨앗이 싹을 틔우고 자라는 것을 보지 못한 채 세상을 떠났습니다. 2000년 10월 2일 월요일이었지요.

그날, 아슬레는 '평화의 씨앗'이라고 쓴 초록색 티셔츠를 입고 평화 시위에 참가했습니다. 그런데 뜻하지 않게 폭력 사태가 벌어졌고 총격전이 일어나게 되었습니다.

그때 아슬레의 친구가 총에 맞아 쓰러졌지요. 아슬레는 그 친구를 구하기 위해 달려가다가 그만 총에 맞아서 숨을 거두었습니다.

〈평화의 씨앗〉 회원들은 아슬레의 죽음을 믿을 수 없었습니다. 친구들은 아슬레의 죽음을 슬퍼하며 싸늘한 시신으로 변한 아슬레의 가슴 위에 올리브 가지를 올려놓았습니다.

올리브 가지는 전 세계적인 평화의 상징이었거든요.

"잘 가, 아슬레!"

"네 죽음이 헛되지 않게 우리도 노력할게."

관 뚜껑을 막 덮으려고 할 때였습니다.

"잠깐만요!"

장례식에 참석했던 사람들은 깜짝 놀라 한 발자국 뒤로 물러섰습니다. 아슬레의 장례식장을 찾은 사람은 바로 이스라엘 소녀 아이젠바움이었습니다.

아이젠바움은 '평화의 씨앗' 티셔츠를 아슬레의 몸 위에 올려놓았습니다. 그리고 서러운 목소리로 이렇게 외쳤습니다.

"아슬레, 눈을 떠 봐. 우리 이스라엘과 팔레스타인의 평화를 위해 함께 노력하기로 했잖아. 서로 입장을 바꿔서 생각해 보기로 했잖아. 입장을 바꿔서 생각하면 서로의 마음을 좀 더 쉽게 이해할 수 있고, 서로의 마음을 이해하는 것이 평화의 밑거름이라고 했잖아. 아슬레! 왜 우리에게 이런 일이 일어난 거니!"

아이젠바움은 예루살렘의 흙을 움켜쥐며 통곡했습니다.

자기의 마지막을 알고 있었던 걸까요? 아슬레는 평화 시위에 나서기 전에 〈평화의 씨앗〉 소식지에 이런 글을 썼습니다.

"나는 내 여권에서 팔레스타인이라는 단어를 결코 떼어 낼 수 없다. 이스라엘 사람도 나와 마찬가지일 것이다. 우리는 우리 존재 그 자체를 바꿀 수는 없다. 하지만 삶의 방식은 바꿀 수 있다. 우리가 평화롭게 살기를 원한다면 평화롭게 살게 될 것이고, 그렇지 않고 서로의 입장만 앞세운다면 지금과 같은 일이 계속될 것이다. 결국 우리의 삶은 우리의 손에 달려 있다."

아슬레의 글은 마지막 유언이 되어 사람들에게 전해졌습니다. 그 글을 읽은 수많은 사람들이 이스라엘과 팔레스타인의 평화를 위해 발 벗고 나서자고 외쳤지요.

아슬레가 죽은 다음 이스라엘 청년들과 팔레스타인 청년들은 〈우정〉이라는 단체를 만들었습니다. 이들은 서로 우정을 쌓고 문화를 교류하며 자신들이 살고 있는 땅에 평화를 정착시킬 수 있는 아이디어를 교환하고 있습니다. 아슬레의 마지막 말처럼 자신들의 땅에 평화를 꽃피우고자 스스로 노력하고 있는 것이지요.

[평화를 사랑하는 어린이를 위한 **다큐 동화**]

용서, 핵무기보다
강한 힘

달라이 라마 1935~
티베트의 망명 정부를 이끌고 있는 지도자

마침내 우리는 중국 국경을 넘어
인도의 다람살라에 도착했습니다.
1959년 4월, 우리는 다람살라에
티베트 임시 정부를 세웠습니다.
그리고 잃어버린 나라를 다시 찾기 위해
어떤 일부터 해야 할지 고민하기 시작했습니다.

1959년 3월 19일 오후 9시, 나는 달라이 라마를 모시고 노불링카 궁을 빠져나왔습니다.
"달라이 라마가 사라졌다. 달라이 라마를 잡아라!"
뒤늦게 달라이 라마가 사라진 사실을 안 중국 군인들이 우리를 쫓기 시작했습니다.
우리는 밤낮을 가리지 않고 걷고 또 걸었습니다.
길에서 만난 수많은 티베트 국민들은 달라이 라마에게 음식과 옷가지를 내 놓으며 나라의 앞날을 걱정했습니다. 그때마다 달라이 라마는 이렇게 말했습니다.

"희망을 잃지 마세요. 우리는 반드시 중국에게 빼앗긴 나라를 되찾을 것입니다."

마침내 우리는 중국 국경을 넘어 인도의 다람살라에 도착했습니다. 1959년 4월, 우리는 다람살라에 티베트 임시 정부를 세웠습니다. 그리고 잃어버린 나라를 다시 찾기 위해 어떤 일부터 해야 할지 고민하기 시작했습니다.

 진정한 평화를 이루는 길

1950년 10월 7일. 중국 공산당은 아무런 선전포고도 없이 티베트를 침략했습니다.

"우리 중국은 옛날에 티베트를 정복한 적이 있다. 그러니까 티베트는 중국 땅이다."

정말 말도 안 되는 얘기였지요. 중국 공산당이 침략해 오자 티베트 정부는 미국, 영국, 인도에 도움을 요청했습니다. 하지만 우리를 도와주겠다고 나서는 나라는 한 곳도 없었습니다. 중국은 크고 강한 나라였고, 티베트는 지도 어느 곳에 표기되어 있는지조차 모를 만큼 힘없고 가난한 나라였으니까요.

"중국 공산당 사만 명이 국경을 넘어 라싸(티베트의 수도)로 밀려들어오고 있습니다."

사태가 긴박해지자 티베트 정부는 국민들의 정신적 지주인 달라이 라마에게 도움을 청했습니다.

"달라이 라마님, 이제 지도자가 되어 직접 나라를 다스리셔야 합니다."

"내가……, 이 위기 상황을 잘 이겨 낼 수 있을까? 나는 아직 어리고 약하기 그지없는 소년인데."

달라이 라마는 걱정스러운 표정으로 나를 바라봤습니다.

나는 달라이 라마의 오랜 친구이자 비서입니다. 우리는 어려서부터 함께 불경을 공부하며 자랐지요. 달라이 라마는 어려운 일이 있거나 고민이 생기면 언제나 내 의견을 묻곤 했습니다. 나는 힘들어하는 달라이 라마에게 용기를 북돋아 주고 싶었습니다. 하지만 나라의 존위가 달린 문제에 내가 감히 나서서 참견할 수는 없다고 생각했습니다.

나는 대답 대신 굳은 표정으로 묵묵히 고개만 끄덕였습니다. 티베트 정부가 거듭 달라이 라마에게 부탁했습니다.

"지금 티베트에게 가장 중요한 건 단합입니다. 티베트 국민들의 힘을 하나로 모으려면 종교적 지도자인 달라이 라마의 지도력이 필요합니다."

1950년 11월 17일. 달라이 라마는 열여섯 살 나이로 티베트의 지도자가 되었습니다. 이 소식을 들은 중국 정부는 코웃음을 쳤지요.

"뭐? 열여섯 살짜리가 티베트의 지도자가 되었다고? 그런 애송이가 뭘 알겠어. 티베트도 곧 역사의 저편으로 사라지겠군."

티베트를 무력으로 점령한 중국 공산당은 티베트 곳곳에 군인들을 배치하고 티베트 사람들을 감시했습니다. 그리고 조금이라도 저항하려는 사람이 있으면 무참하게 죽였지요. 중국 공산당의 만행은 끝이 없었습니다. 티베트 사람들을 함부로 죽였을 뿐만 아니라 우리가 목숨보다 소중하게 생각하는 사원에 불을 질러 정신을 말살시키려고 했습니다.

티베트를 탈출하다

지금도 1959년에 일어났던 일을 생각하면 가슴이 저릿하게 아픕니다. 그날은 3월 10일이었습니다. 난데없이 중국군 사령부가 달라이 라마에게 초청장을 보냈습니다. 초청장에는 다음과 같이 적혀 있었습니다.

〈달라이 라마를 연극 공연에 초대합니다. 단, 경호원을 데리고 오면 안 됩니다.〉

그것은 중국군의 계책이었습니다.

'우리 티베트 국민들이 달라이 라마를 중심으로 똘똘 뭉치자 중국군

이 달라이 라마를 납치하려고 한다!'

이 소문이 퍼지자 티베트 국민들은 너도나도 일손을 놓고 달라이 라마가 머무는 노불링카 궁으로 몰려왔습니다.

"달라이 라마님, 중국군이 달라이 라마님을 납치하려고 하는 겁니다. 속으시면 안 됩니다."

"중국군이 궁 가까이 오지 못하도록 인간 띠를 만듭시다."

삼만 명의 군중들은 서로 어깨동무를 하고 노불링카 궁 주위를 빙 둘러싼 채 소리 높여 외쳤습니다.

"달라이 라마님! 절대 중국군 사령부로 가시면 안 됩니다."

그 시간, 달라이 라마는 노불링카 궁의 남쪽 성벽에 서서 군중들을 지켜보고 있었습니다. 달라이 라마는 눈물을 흘리는 모습을 사람들에게 보이지 않으려는 듯 자꾸 하늘만 올려다보았지요. 나는 그 옆에 서서 죄인처럼 머리를 푹 숙이고 있었습니다.

중국군은 달라이 라마가 초대에 응하지 않았다는 것을 핑계 삼아 노불링카 궁을 포위했습니다. 그리고 아무런 예고도 없이 티베트 국민들이 모여 있는 곳을 향해 폭격을 퍼부었습니다. 이때 죽은 티베트 국민들이 무려 일만 오천 명이나 됩니다.

1959년 3월 19일. 우리는 마침내 티베트를 탈출하기로 결정했습니다.

"달라이 라마님, 탈출 계획을 세운 사람들과 약속한 오후 아홉 시입니다. 이제 그만 노불링카 궁을 빠져나가야 합니다."

하지만 달라이 라마는 차마 발걸음을 떼지 못했습니다.

나는 억지로 달라이 라마의 손을 잡아끌었습니다. 우리는 중국군에게 들키지 않기 위해 병사들이 입는 옷을 입고, 인도를 향해 머나먼 길을 떠났습니다. 언제 다시 돌아올지 기약할 수 없는 길이었지요.

달라이 라마가 탈출하고 며칠 뒤 중국군은 노불링카 궁을 무차별 폭격했습니다. 이로 인해 또 수많은 티베트 국민들이 목숨을 잃었습니다. 중국군은 끝까지 저항하는 티베트 국민들을 짓밟고 노불링카 성 안으로 들어왔습니다.

1959년 4월, 우리는 마침내 인도 다람살라에 티베트 임시 정부를 세웠습니다. 이 무렵, 달라이 라마를 따라 목숨을 걸고 인도 다람살라로 넘어온 티베트 사람들이 수만 명이 넘었습니다. 달라이 라마는 이들을 모아 인도 안에 작은 티베트를 만들고 잃어버린 나라를 되찾기 위해 노력했습니다.

이 소식을 들은 중국의 마오쩌둥은 한숨을 내뱉으며 앞날을 걱정했다고 합니다.

"휴우, 달라이 라마가 인도에 임시 정부를 세우다니! 이거 큰일이로군."

"지금 달라이 라마에게는 아무런 힘도 없습니다. 중국군에게 저항할 만한 군대도 없고요. 그런 달라이 라마가 무슨 일을 할 수 있겠습니까? 아무 걱정하지 마십시오."

"아니야. 달라이 라마는 그렇게 만만히 볼 인물이 아니야. 그가 존재하는 이상 티베트 문제는 앞으로 두고두고 골칫거리가 될 거야."

그때까지만 해도 아무도 마오쩌둥의 말을 심각하게 생각하지 않았습니다. 하지만 세월이 흐르면서 마오쩌둥의 예언은 사실이 되었습니다.

진정한 평화는 대화와 타협을 통해서만 이룰 수 있다

이 무렵부터 두 개의 시선이 달라이 라마를 주시하기 시작했습니다. 하나는 나라를 잃어버린 티베트 난민들의 시선이었고, 나머지 하나는 세계 사람들의 시선이었습니다.

"달라이 라마님께서 우리를 어떻게 이끌까?"

"이제 스물네 살밖에 안 된 젊은이가 앞으로 어떻게 중국과 싸울까?"

다른 지도자 같았으면 당장 이렇게 말했겠지요.

"티베트 국민들이여, 당장 총을 들어라! 중국과 맞서 싸우자!"

하지만 달라이 라마는 단 한 번도 맞서 싸우자는 말을 하지 않았습니다. 그 대신 늘 이렇게 말했지요.

"우리가 어떻게 해야 평화와 행복을 이루어 낼 수 있을까요? 총으로? 칼로? 물론 아닙니다. 무력으로는 결코 평화를 이루어 낼 수 없습니다. 나는 진정한 평화란 대화와 타협을 통해서만 이루어질 수 있다고 생각합니다. 그럼 대화와 타협은 어떻게 해야 할까요? 상대방과 진정한 대화를 하려면 마음을 열어야 합니다. 마음을 꽉 닫아 놓은 상태에서는 대화를 할 수 없습니다."

심지어 달라이 라마는 이렇게 말하기도 했습니다.

"마음을 열고 대화를 하려면 적을 미워하면 안 됩니다. 미워하는 마음을 가지고 있으면 마음의 문이 열리지 않고, 그렇게 되면 서로 한 치도 양보하지 않을 테니까요."

솔직히 나는 그때 달라이 라마의 말을 이해할 수 없었습니다. 나는 처음으로 달라이 라마의 말을 반박했습니다.

"아니, 달라이 라마님! 어떻게 우리 나라를 빼앗은 중국을 미워하지 않을 수 있습니까? 중국은 우리 민족에게 잔인한 짓을 저질렀습니다. 그런 그들을 미워하지 말라니요?"

그러자 달라이 라마는 빙그레 웃으며 말했습니다.

"나도 처음에는 중국을 용서하기 힘들었네. 하지만 나라를 되찾으려면 그들을 용서해야 하네."

당시 달라이 라마는 집중적으로 '주고받기 명상'을 했습니다. 주고받기 명상이란 행복이나 긍정적인 감정은 다른 사람에게 보내는 상상을 하고, 그들의 고통이나 부정적인 감정은 내 자신이 흡수하는 상상을 하는 것입니다.

  달라이 라마는 또 한 번 나를 깜짝 놀라게 했습니다. 달라이 라마가 중국인들을 위해 주고받기 명상을 시작한 것입니다. 달라이 라마는 숨을 들이쉬면서 중국인들이 가진 미움, 두려움, 잔인함 같은 것들을 들이마셨습니다. 그리고 숨을 내쉬면서 자비와 용서, 화해의 감정을 그들에게 보냈지요.

  달라이 라마는 하루도 빠지지 않고 이 명상을 했습니다.

"자네도 한 번 해 보게. 마음속에 가득 찬 미움을 씻어 내는 데는 이 명상이 최고야. 먼저 우리 마음속에 남을 미워하는 마음이 없어야 진정한 평화를 이룰 수 있네."

나도 머리로는 달라이 라마의 말을 이해할 수 있었습니다. 하지만 나는 도저히 중국인들을 위해 주고받기 명상을 할 수가 없었습니다. 몇 번 달라이 라마를 좇아 억지로 주고받기 명상을 했지만 그때마다 중국인들이 저지른 짓이 떠올라 분통이 터졌지요.

핵무기보다 큰 힘을 발휘하는 용서

그동안 달라이 라마는 나라를 되찾기 위해 많은 노력을 기울였습니다. 1967년부터 세계 여러 나라를 찾아다니며 도움을 청했지요. 유럽, 인도, 몽골, 러시아, 네팔, 오스트레일리아, 아시아의 여러 나라의 최고 지도자들과 회담을 가지며 티베트의 억울함을 알리고 독립을 주장했습니다.

달라이 라마는 누구를 만나던 솔직하게 티베트의 사정을 설명하고 전 세계가 티베트의 독립을 지지해 주도록 외교적 노력을 펼쳤습니다.

"우리는 끝까지 독립을 당당히 요구할 것입니다. 왜냐하면 티베트는 우리 땅이니까요. 하지만 중국과 총을 맞대고 싸우지는 않을 것입니다."

"네? 독립을 하겠다면서 싸우지는 않는다고요?"

"그렇습니다. 우리는 총칼을 들고 중국과 싸우지 않을 겁니다. 그 대신 비폭력 운동으로 중국에게 우리의 독립을 요구할 것입니다."

사람들은 달라이 라마의 말을 이해하지 못 했습니다.

"빈손으로 거대한 중국을 상대해서 어떻게 이기겠다는 거지?"

"중국은 티베트에 30만 명이 넘는 군인을 배치해 놓았대. 총에는 총으로 맞서 싸워야 하지 않아?"

그럴 때마다 달라이 라마는 확신에 찬 목소리로 말했습니다.

"여러분! 지금 나에게는 총 한 자루도 없습니다, 하지만 두고 보십시오. 우리는 반드시 티베트로 돌아가 잃어버린 나라를 되찾을 것입니다. 그러려면 무엇보다 우리의 마음이 분노에 지배 당하면 안 됩니다. 그렇게 되면 올바른 판단을 할 수 없습니다. 지난 일에 대해 마음의 문을 꼭꼭 걸어 잠그고 있으면 아무것도 이룰 수 없습니다. 우리가 먼저 마음을 열고 적극적으로 대화에 나서면 언젠가 중국도 우리 땅을 되돌려 줄 수밖에 없을 겁니다."

그때까지만 해도 달라이 라마의 말을 진심으로 믿는 사람이 거의 없었습니다.

"달라이 라마의 말은 참 좋은 얘기야. 하지만 현실은 그렇지 않아. 먼저 적을 용서하고 열린 마음으로 대화를 해야 한다고? 하지만 어떻게 그렇게 해서 독립을 이루겠어? 말도 안 돼."

부끄러운 얘기지만 나도 그 사람들과 똑같은 생각을 하고 있었습니다. 하지만 시간이 지날수록 달라이 라마의 생각은 핵무기보다 큰 힘을 발휘하기 시작했습니다.

누구도 미워하지 마라

한번은 이런 일이 있었습니다. 달라이 라마가 한 유명 방송과 인터뷰를 하고 있을 때였습니다. 갑자기 달라이 라마가 촬영을 중단시켰습니다.

"잠깐만요!"

사람들은 무슨 일이 일어났는지 알고 깜짝 놀라 자리에서 일어났습니다. 내가 가장 먼저 달라이 라마 곁으로 갔지요.

"달라이 라마님, 무슨 일이지요?"

그러자 달라이 라마는 검지를 입술로 가져갔습니다.

"쉿! 저기 어린 새가 둥지에서 떨어졌어."

그러더니 조용히 일어나 나무 아래로 갔습니다. 달라이 라마는 나무에서 떨어진 어린 새를 두 손으로 감싸 둥지에다 다시 올려놓았습니다.

그 모습을 본 사람들은 큰 감동을 받았습니다. 평생을 달라이 라마 곁을 지켜 온 나도 가슴이 뭉클했습니다.

　언제부터인가 달라이 라마를 좋아하고 따르는 사람들이 점점 늘어나기 시작했습니다. 티베트 문제에 아무런 관심도 없었던 이들도 달라이 라마의 모습을 보고 티베트에 관심을 갖게 되었지요.

　최근에는 세계 여러 나라에서 적극적으로 중국에 압력을 가하기 시작했습니다.

　"티베트는 독립국이다. 티베트를 티베트 사람들에게 돌려주어야 한다."

평화를 사랑하는 많은 사람들이 중국을 비난하고 있습니다.

"티베트를 무력으로 침략한 중국은 평화를 모르는 나라다. 달라이 라마는 중국을 용서하고 대화를 통해 평화를 찾기를 원하고 있다. 이런 달라이 라마의 요구를 무시하고 대화를 하지 않는 중국은 반성하라."

오래전 마오쩌둥이 예언했던 것처럼 지금 중국은 티베트 문제로 전 세계인들에게 손가락질을 받고 있습니다.

비록 시간이 좀 걸렸지만 달라이 라마의 말이 맞았지요. 만약 나라를 빼앗겼을 때 우리가 총칼을 들고 중국에게 맞섰다면 어떻게 되었을까요?

그랬다면 우리 티베트는 아마 세계 지도에서 영영 사라져 버렸을지도 모릅니다. 하지만 달라이 라마는 마음을 열고 꾸준히 중국에 대화를 요구했습니다. 그런 노력 덕분에 지금 우리 티베트 문제는 전 세계인들의 관심을 받고 있는 것입니다.

어떤 사람들은 달라이 라마에게 신통한 능력이 있어 사람들의 마음을 사로잡는다고 말하곤 합니다. 하지만 달라이 라마는 그런 사람들에게 이렇게 대답합니다.

"나는 여러분과 똑같은 사람입니다. 제게는 어떤 신통력도, 특별한 능력도 없습니다."

"보통 사람과 똑같다면 왜 전 세계 사람들이 당신을 따르고 좋아하겠습니까? 당신이 가지고 있는 장점을 한 가지만 말씀해 주십시오."

"제 장점은 누구에 대해서도 나쁜 생각을 하지 않는 겁니다."

요즘 나는 달라이 라마의 하루가 시작되는 새벽 4시쯤 잠자리에서 일어납니다. 그리고 달라이 라마와 함께 주고받기 명상을 하고 있습니다.

끝으로 달라이 라마가 아침마다 외우는 기도문을 소개하며 이 글을 마치고 싶습니다.

"미움으로는 미움을 이길 수 없습니다.
미움을 통해 얻어진 것은 결코 오래가지 않습니다.
미움이나 분노를 통해서는 누구도 행복해질 수 없습니다.
용서를 통해 서로를 이해하고, 용서하는 마음을 통해
우리는 평화에 이르게 되고 진정한 휴식과 행복에 이르게 됩니다.
용서를 실천하는 것은 대단히 중요하고,
용서는 인간의 삶에 있어 가장 큰 의미를 갖는 일입니다."

[평화를 사랑하는 어린이를 위한 **다큐 동화**]

가난한 이들의 삶 속으로 들어간 은행가

무하마드 유누스 1940~
가난한 사람들을 위해
그라민 은행을 세운 은행가

어느 날, 나는 친구들과 함께 가난한 사람들을 구할 방법에 대해 이야기했습니다.
"가난한 사람들을 도와주는 단체에 후원금을 내면 되잖아."
"음식을 보내 주면 되지 않을까?"
하지만 나는 그것은 근본적인 해결책이 아니라는 생각이 들었습니다.

나는 방글라데시의 한 대학에서 학생들에게 경제를 가르치는 경제학 교수였습니다. 학생들에게 누구든 열심히 노력하면 가난을 물리칠 수 있다고 가르쳤지요. 하지만 현실은 내가 가르치는 것과는 사뭇 달랐습니다. 거리에는 가난 때문에 굶주린 사람들이 넘쳐 났고 그들은 아무런 희망도 없어 보였습니다.

어느 날, 나는 친구들과 함께 가난한 사람들을 구할 방법에 대해 이야기했습니다. 그런데 내 주변에는 가난을 한 번도 경험해 본 적이 없는 사람들뿐이었습니다. 나 역시 그러했지요.

"가난한 사람들을 도와주는 단체에 후원금을 내면 되잖아."

"음식을 보내 주면 되지 않을까?"

하지만 나는 그것은 근본적인 해결책이 아니라는 생각이 들었습니다.

가난한 사람들이 왜 가난하게 사는지, 근본적인 문제가 무엇인지를 알아야 한다고 생각했지요.

그래서 나는 그들에게 가까이 다가가 보기로 마음먹었습니다.

 가난한 사람들이 고통 받지 않는 세상을 위해

1974년은 내가 절대 잊지 못할 해입니다. 그해 방글라데시는 엄청난 가뭄으로 고통 받고 있었습니다. 일 년 내내 비가 단 한 방울도 내리지 않았거든요. 곳곳에서 물 부족을 호소하는 아우성이 빗발쳤지요. 신문은 날마다 수백 명씩 굶어 죽고 있다는 끔찍한 기사를 전했습니다.

하지만 나는 그 끔찍한 기사를 보고서도 별 느낌이 없었습니다. 굶어 죽는 사람들을 본 적도 없었고, 굶어 죽는다는 게 얼마나 고통스러운지도 몰랐으니까요.

그때 나는 방글라데시 남쪽에 있는 치타공 대학에서 경제를 가르치고 있었습니다. 나는 교수로서 큰 자부심을 느끼며 경제를 아주 잘 안다고 생각했지요.

"아무리 가난한 사람이라도 노력하면 얼마든지 부자가 될 수 있습니다. 가난한 사람들이 돈을 벌지 못하는 이유는 경제를 잘 모르기 때문입니다. 자본주의 시장에서는 경제의 흐름을 잘 파악하고 부지런히 노력하면 누구나 부자가 될 수 있습니다."

그러던 어느 날이었습니다. 나는 학교에 출근하기 위해 자동차를 타고 가다가 끔찍한 광경을 목격했습니다. 마치 미라처럼 바싹 마른 사람이 거리에 누운 채 죽어 있는 것이었습니다.

당황한 나는 운전수에게 물었습니다.

"이보게, 저 사람은 왜 저렇게 비쩍 말랐나?"

"그야 뭐 먹을 게 없어서지요. 요즘 저런 사람이 어디 한둘인가요?"

처음에는 굶주린 사람들이 드문드문 보이더니 순식간에 전 지역으로 확산되었습니다. 몇 달이 지나자 사방에 굶어 죽는 사람들이 가득 넘쳐 났습니다. 남자, 여자, 노인, 어른, 아이 모두 뼈만 앙상하게 남은 채 굶어 죽어 갔지요. 그들은 눈곱에 앉아 있는 파리 떼조차 쫓을 힘이 없어 보였습니다.

솔직히 말하면, 나는 처음에 그들이 눈에 띄면 얼른 시선을 돌려 버렸습니다. 왠지 마음이 불편했거든요. 굶어 죽는 사람들과 다시는 마주치고 싶지 않았습니다.

물론 정부가 손을 놓고 있었던 것은 아닙니다. 정부는 이들을 위해 곳곳에 간이식당을 마련했습니다. 그곳에는 언제나 사람들이 넘쳐 났습니다. 하지만 많은 사람들에게 다 음식을 줄 수는 없었습니다. 늘 앞에 서 있는 사람들만 음식을 받았고, 뒤에 서 있는 사람들에게는 기회가 돌아

가지 않았지요. 종교 단체에서는 굶어 죽은 사람들의 시신을 거두어 장례를 치러 주었습니다. 하지만 나중에는 시체들이 너무 많이 쌓이는 바람에 그마저도 포기할 수밖에 없었습니다.

그날도 나는 평상시처럼 학생들에게 경제학 강의를 하기 위해 집을 나섰습니다. 내가 막 대문을 열고 밖으로 나왔을 때였습니다. 나는 뭔가가 발에 걸려 앞으로 넘어졌습니다. 그때 내 발에 걸린 것은 다름 아닌 굶어 죽어 가는 사람이었습니다.

"선생님, 도와주……."

그는 쩍쩍 갈라진 입술을 열어 간신히 도와달라고 했습니다. 그를 부축해서 안으로 옮기는 내 손끝이 파르르 떨렸습니다. 내가 조금이라도 손에 힘을 주면 그의 바싹 마른 허리가 뚝 부러질 것만 같았습니다. 그의 몸은 이미 사람의 몸이 아니었습니다.

나는 마루에 그를 눕혀 놓고 얼른 물과 음식을 준비했습니다. 하지만 내가 물과 음식을 가지고 왔을 때 그는 이미 이 세상 사람이 아니었습니다. 나는 그의 퀭한 눈을 감겨 주고 오랫동안 그 옆에 앉아 있었습니다.

'이 모든 비극이 정말 한 줌의 양식이 없어서 벌어지는 일인가? 나는 학교 강단에서 학생들에게 아무리 가난한 사람이라도 노력하면 얼마든지 부자가 될 수 있다고 가르쳤다. 그런데 이게 뭔가? 길바닥에서 사람들이 이렇게 굶어 죽는데 도대체 경제학 이론이 무슨 소용이란 말

인가?'

아무 어려움 없이 자란 나는 경제학 교수로 있으면서도 가난한 사람들이 굶어 죽는 이유를 전혀 모르고 있었습니다. 우리는 방글라데시라는 나라에서 살아가는 국민이었지만, 서로 다른 세계에서 살아가는 이방인이기도 했습니다.

돈 몇 푼으로는 해결되지 않는 문제

나는 가난한 사람들이 처한 현실을 이해하고 싶었고, 진짜 경제가 무엇인지 알고 싶었습니다. 무엇보다 그들의 아픔을 함께 느껴야 한다고 생각했습니다.

물론 가난한 사람들을 도와주는 단체에 후원금을 낼 수도 있었고, 음식을 보낼 수도 있었습니다. 대부분의 부자들처럼 방송국에 후원금을 보내며 생색을 낼 수도 있었지요. 하지만 나는 그것은 근본적인 해결책이 아니라고 생각했습니다.

나는 가난한 사람들이 가장 많이 사는 조브라 마을을 찾아갔습니다. 조브라 마을에서 굶주린 사람들의 홍수를 보면서 나는 절망했습니다.

'이들은 음식을 얻기 위해 부지런히 노력하고 있다. 그런데 이들은 왜 굶주리는 걸까? 이들의 옆 마을에는 끼니 걱정 없이 배를 채우는 사람이 얼마나 많은가? 도대체 뭐가 잘못된 걸까?

나는 동료 교수인 라티피와 함께 조브라 마을 사람들의 집을 일일이 방문했습니다. 우리가 조브라 마을에서 처음 방문한 집에서는 아낙네가 대나무로 의자를 짜고 있었습니다. 그 집안 형편은 몹시 어려워 보였습니다.

"저, 말씀 좀 여쭤 봐도 될까요?"

아낙네는 내 말을 듣자마자 일감을 내던지고 쏜살같이 집 안으로 들어갔습니다.

"괜찮아요, 아주머니. 우리는 대학에서 학생들을 가르치는 선생들이에요. 옆 마을에 살고 있습니다. 몇 가지만 여쭤 보려고 왔습니다."

하지만 아낙네는 쉽게 우리의 방문을 허락하지 않았습니다.

"이곳에 사는 사람들은 이슬람교를 믿지. 이슬람교를 믿는 사람들은 아주 가까운 친척이 아니면 여자가 외간 남자에게 말을 하지 않는다네. 특히 이들은 우리 같은 사람들을 경계한다네. 우리 같은 사람들은 이들을 이용하기만 하지 도와주지는 않거든."

라티피의 말을 듣고, 나는 이들과 우리 사이에 놓인 높은 벽을 실감할 수 있었습니다. 하지만 우리는 포기하지 않고 거의 날마다 조브라 마을을 찾아갔습니다.

그러던 어느 날, 우리가 조브라 마을에 들어서자 한 아이가 조르르 달려 나왔습니다. 아이를 좋아하는 내가 얼른 안아 올리려고 하자 아이는 울음을 터뜨리며 자기 엄마에게 뛰어갔습니다.

"아이가 몇 살이에요?"

"세 살이에요."

내가 묻자 아이 엄마가 대답했습니다. 아이의 엄마는 가난 속에서 아침부터 밤늦게까지 일만 하는 수백만 명의 방글라데시 여인들처럼 몸이 가냘프고 피부가 구릿빛으로 그을려 있었습니다.

"아이가 참 귀엽네요. 천사처럼 예뻐요."

그러자 그녀는 마음에 품었던 경계심을 조금 누그러뜨리는 듯했지요. 나는 조심스럽게 그녀에게 물었습니다.

"이름이 어떻게 되세요?"

"수피아 베굼이에요."

"이 대나무로 무얼 하는 거예요?"

나는 그녀의 집 앞마당에 수북이 쌓여 있는 대나무를 가리키며 물었습니다.

"나무 의자를 만들어요. 오 타카(일 타카는 우리 돈으로 약 사십 원) 주고 샀지요."

"오 타카는 아주머니 돈이에요?"

"아니요. 파이카에게 빌렸어요."

파이카는 조브라 마을 사람들에게 돈을 빌려 주고 이자를 받는 고리대금업자였습니다.

"이 대나무로 만든 의자를 파이카에게 갖다 주면, 그가 빌린 돈 오 타카를 뺀 나무 의자 값을 제게 주지요."

"대나무 의자 하나를 만들면 얼마를 받으시는데요?"

"오 타카 오십 페이샤요."

"그럼 온종일 일해서 오십 페이샤(우리 돈으로 약 이십 원)가 남네요. 맙소사, 시장에서 대나무 의자 하나를 사려면 팔 카타를 줘야 할 텐데."

나는 수피아의 말이 도저히 믿기지 않았습니다. 이들은 파이카에게만 좋은 일을 시키고 있었던 것이죠. 나도 모르게 목소리가 높아졌습니다.

"그럼 다른 사람에게 돈을 빌려서 재료를 사고 직접 시장에 내다 팔면 되잖아요?"

"누구한테 돈을 빌리겠어요? 우리 마을 사람들은 죄다 가난해요. 모르는 사람에게 돈을 빌리기도 어렵고, 또 대부분 이자를 높게 받아서 한 번 빚을 지면 감당할 수가 없어요."

그때 방글라데시에서는 악덕 고리대금업이 유행하고 있었습니다. 고리대금업자들은 돈을 빌려 주는 대신 엄청난 액수의 이자를 요구했습니다. 만일 땅을 담보로 돈을 빌리면 갚을 때까지 그 땅을 자기 마음대로

사용하곤 했지요. 그래서 가난한 사람들은 될 수 있으면 돈을 빌리지 않으려고 했습니다. 하지만 결혼식이나 장례식 비용, 약값 따위가 필요할 때에는 어쩔 수 없이 돈을 빌려야 했지요. 일단 돈을 빌리면 그 빚은 순식간에 불어났습니다.

말을 마친 수피아 베굼은 다시 일을 시작했습니다. 수피아에게는 잠시도 한가로울 짬이 없었습니다. 수피아는 그렇게 온종일 맨땅에 웅크리고 앉아 일하면서 근근이 살아가고 있었습니다.

'나는 대학에서 몇 시간 강의를 하면 몇 백 타카를 버는데, 이들은 하루 내내 일해서 겨우 일 타카도 못 벌고 있었어.'

나는 이런 현실도 모르면서 열심히 노력하면 부자가 될 수 있다고 가르쳤던 나 자신에게 화가 났습니다. 그리고 이토록 가혹한 세상에 화가 치밀었습니다.

'가난한 사람들을 도와주지는 못할망정 이들을 이용해서 자기들의 배만 채우려고 하다니!'

그러나 무엇보다도 화가 났던 건 해결책이 없다는 것이었습니다.

나는 어렸을 때부터 가난한 사람을 많이 봤지만 단 한 번도 가난의 원인이 무엇인지 깊이 생각해 본 적이 없었습니다. 더군다나 단돈 몇 푼이 없어서 절망 속에서 살아가고 있는 사람들이 이렇게 많다고는 꿈에도 생각하지 못했지요.

나는 지갑을 꺼내 수피아에게 돈을 주려고 했습니다. 그러자 라티피 교수가 나를 가로막았습니다.

"여보게, 지금 자네가 저 여자에게 적선을 하면 자네 마음이 조금이나마 편해지겠지. 저 여자도 며칠 동안 끼니 걱정을 안 해도 될 테고. 하지만 그런 식으로는 이들의 문제를 해결할 수 없네."

나는 라티피 교수의 말이 옳다고 생각했습니다. 돈 몇 푼 준다고 해서 해결될 문제가 아니었던 것이죠.

가난을 물리칠 수 있는 방법

뚜렷한 해결책이 보이지 않았지만, 나는 계속 조브라 마을을 찾아가 그들과 고통을 함께 나누려고 노력했습니다. 그들과 함께 아파해 보지 않으면 진정한 해결책을 찾을 수 없다고 생각했거든요.

'수피아 베굼의 생활이 지옥 같은 이유는 아주 간단해. 대나무를 살 오 타카가 없기 때문이야. 단지 오타카가 없어서 악순환의 고리를 끊지 못하고 있어. 아, 이 악순환의 고리를 끊으려면 어떻게 해야 할까?'

그러던 어느 날이었습니다. 그날도 나는 조브라 마을로 가면서 라티피 교수와 해결책을 고민하고 있었습니다. 그런데 갑자기 이런 생각이 떠올랐습니다.

'그래! 만약 그녀에게 자기 돈이 조금이라도 있다면 이 악순환의 고리를 끊을 수 있어. 내가 돈을 빌려 주면 되잖아.'

나는 곧바로 조브라 마을에서 악덕 고리대금업자에게 돈을 빌려서 죽도록 일을 해도 돈을 못 버는 사람들이 얼마나 되는지 알아봤습니다.

일주일이 지나 조사 결과가 나왔습니다. 모두 마흔두 명의 사람들이 악덕 고리대금업자에게 돈을 빌렸고, 이들이 빌린 돈을 모두 합해 보니 팔백육십오 타카(우리나라 돈으로 하면 약 삼사만 원 정도)였습니다.

"이런 세상에! 겨우 팔백육십오 타카 때문에 사람들이 이렇게 비참하게 살고 있었단 말인가?"

나는 너무 기가 막혀 큰 소리로 외쳤습니다.

가난한 사람들은 게으르거나 어리석어서 가난한 것이 아니었습니다. 그들은 온종일 누구보다도 열심히 일을 했습니다. 하지만 가난을 벗어날 수 없었습니다. 결국 우리 사회의 구조적인 문제가 이들을 가난의 수렁으로 밀어 넣고 있었습니다.

내가 돈을 빌려 주자 마흔두 명의 사람들이 물었습니다.

"이자는 얼만가요?"

"빌린 돈을 언제 갚아야 하나요?"

"갚을 수 있을 때 갚으세요. 그리고 이자를 안 받겠습니다."

조브라 마을 사람들은 돈을 받아 들고 조금 어리둥절한 표정으로 자리를 떠났습니다.

 나는 그들에게 돈을 빌려 주면 내 마음이 편안해지리라고 생각했습니다. 그런데 그렇지 않았습니다. 나는 보통 잠자리에 눕는 즉시 잠이 들곤 합니다. 그러나 그날 밤은 어찌된 일인지 좀처럼 잠이 오지 않았습니다.

 '이것으로 내가 할 일은 다 끝난 걸까? 감정에 이끌린 개인적인 차원의 해결책이 아닐까? 그래! 이런 식으로 돈을 꾸어 주어서는 문제를 해결할 수 없어. 가난한 사람들이 경제 활동을 할 수 있도록 이들을 감싸 안을 수 있는 사회적 제도를 마련해야 해.'

이웃의 아픔을 함께 느껴라

 내게는 새로운 꿈이 생겼습니다. 바로 가난한 사람이 없는 나라를 만드는 일이었지요. 나는 여러 은행들을 찾아갔습니다.

 "가난한 사람들에게 적은 이자로 소액 대출을 해 주십시오. 소액 대출을 해 주면 수많은 가난한 사람들을 구할 수 있습니다. 은행은 절대 손해를 보지 않습니다. 부탁드립니다."

 하지만 은행들은 이런저런 핑계를 대며 가난한 사람들에게 돈을 빌려 주려고 하지 않았습니다. 담보가 있어야 한다는 말만 되풀이했지요.

보다 못한 나는 나와 마음이 맞는 사람 몇몇과 함께 '그라민' 은행을 세웠습니다. 그리고 가난한 사람들에게 담보 없이 돈을 빌려 주었습니다. 그라민 은행의 운영 방식에 처음에는 모두가 머리를 절레절레 흔들었습니다. 심지어 조브라 마을의 가난한 사람들조차 담보 없이 돈을 빌려 준다는 내 말을 믿지 않았습니다.

"분명 무슨 속임수가 있을 거야."

하지만 나는 남들이 뭐라고 하든 상관하지 않고 날마다 은행 문을 열었습니다. 혹시나 하고 우리 은행을 찾아오는 사람들에게는 약속대로 아무런 담보 없이 돈을 빌려 주었지요.

시간이 지나자 그라민 은행 이야기는 사람들의 입을 타고 퍼져 나갔습니다.

"무하마드 유누스가 세운 그라민 은행에 가 봐. 정말 아무런 담보 없이 돈을 빌려 준다니까."

그 덕분에 우리 은행 고객은 3년 사이에 열 배로 늘어났습니다. 그라민 은행에서 소액 대출을 받은 사람들의 42%가 가난을 벗어날 수 있었지요. 가난한 사람들이 우리 은행에서 돈을 빌려 가난에서 벗어나는 모습을 보면서 나는 가슴이 뜨겁게 벅차올랐습니다.

현재 그라민 은행은 전 세계에 천백칠십오 개의 지점과 이백사십만 명의 회원이 있습니다. 그라민 은행은 방글라데시에서 가장 외진 시골

마을에서부터 아프리카 탄자니아의 진흙집 사이에도 지점이 있고, 시카고, 로스앤젤레스, 파리에도 지점을 두고 있습니다. 지금까지 삼십여 년 동안 전 세계에 걸쳐 빈곤층 일억 가구가 그라민 은행의 소액 대출의 혜택을 받아 가난을 극복했습니다.

　나는 그라민 은행을 운영하면서 두 가지 사실을 깨달았습니다. 하나는 가난한 사람들과 그렇지 않은 사람들 사이에는 높은 벽이 가로막고 있어 소통이 안 된다는 것입니다. 이웃의 일을 '나와 아무 상관없는 남의 일'이라고 여기는 사람들이 참으로 많았습니다.

또 하나는 가난한 사람들의 아픔을 함께 느껴 보면 가난한 이웃의 일이 마치 '나의 일' 처럼 느껴진다는 것이었습니다. 바로 내가 그랬습니다. 나도 처음에 그들의 일을 '나와 아무 상관없는 남의 일' 이라고 생각했습니다. 하지만 그들과 함께하면서 그들의 일을 '나의 일' 처럼 느끼기 시작했습니다. 그래서 나는 그라민 은행을 세워 그들을 돕기 시작했던 것이죠.

1997년 워싱턴에서 〈소액 대출 정상 회담〉이 열렸습니다. 나는 백삼십칠 개국에서 온 삼천여 명의 대표들과 함께 정상 회담에 참석했습니다. 영광스럽게도 나에게 개막식 총회에서 발언을 할 기회가 주어졌습니다. 연단에 서자 내 머릿속에는 조브라 마을의 모습과 그라민 은행에서 처음으로 소액 대출을 받아 가던 사람들의 얼굴이 떠올랐습니다.

나는 이렇게 말했습니다.

"인간은 라이트 형제가 12초 동안 공중을 날았던 이래 불과 65년 만에 달에 발을 디딜 수 있었습니다. 이제 소액 대출 정상 회담이 열린 오늘부터 50년이 채 지나지 않아 우리는 우리의 달에 발을 내딛을 것입니다. 우리는 마침내 가난 없는 세상을 만들 것입니다. 우리는 결국 가난을 영원히 박물관으로 보내 버릴 것입니다.

여러분! 가난으로 절망에 빠져 있는 이웃들의 고통을 함께 느껴 본 적이 있으십니까? 가난으로 굶어 죽어 가고 있는 사람의 모습을 보고도 아픔을 못 느낀다면 이는 인간이기를 포기한 것입니다.

지금은 다른 사람의 아픔도 마치 내 아픔인 양 공감하고 감싸 안을 수 있는 정신이 필요한 때입니다. 모든 사람이 그렇게 한다면 우리가 앞으로 이루게 될 성숙된 사회에서는 가난이 발붙일 곳이 없을 것입니다."

사방에서 환호가 쏟아졌지만, 내 귀에는 아무 소리도 들리지 않았습니다. 그 순간 나는 마음속으로 이렇게 외치고 있었습니다.

'우리는 분명 이 땅에서 가난을 물리칠 수 있어! 가난 때문에 고통 받지 않고, 모든 사람이 평화롭게 함께 잘사는 세상을 만들 수 있을 거야. 너도나도 먼저 가난한 사람들에게 다가가 손을 내밀 수 있다면 우리는 반드시 그런 세상에서 살 수 있어. 그래, 가난으로 고통 받는 사람이 단 한 사람도 없을 때까지 난 이 길을 걸어 가겠어!'

[평화를 사랑하는 어린이를 위한 다큐 동화]

사랑하라, 그리고 또 사랑하라

김수환 1922~2009
힘없는 사람들을 지키기 위해 노력한 추기경

"추기경님! 종교인이 왜 사회 문제에 관심을 가지십니까?

하느님 말씀이나 따르며 사는 게 좋지 않을까요?"

박정희 정부는 큰일을 위해서는 작은 일을 희생시켜도 된다고 생각했습니다.

특히 나라의 경제 발전을 위해서는 노동자와 농민을 희생해도 된다고 생각하고 있었지요.

어느 날, 박정희 대통령이 김수환 추기경을 청와대로 불러서 말했습니다.
"추기경님! 종교인이 왜 사회 문제에 관심을 가지십니까? 종교인은 그저 하느님 말씀이나 따르며 사는 게 좋지 않을까요?"
박정희 대통령은 김수환 추기경을 싫어했습니다. 김수환 추기경이 정부의 일에 사사건건 간섭을 했거든요. 다른 사람들은 비록 잘못된 것일지라도 정부가 하는 일이라면 침묵을 지키는데, 유독 김수환 추기경만은 그렇지 않다는 것이 눈엣가시처럼 거슬렸습니다.

"대통령 각하, 하느님은 세상의 빛이 되라고 말씀하셨습니다. 종교나 교회는 우리 사회의 어두운 곳을 밝히고 소외된 이웃들을 감싸 안아야 한다고 생각합니다."

박정희 정부는 큰일을 위해서는 작은 일을 희생시켜도 된다고 생각했습니다. 특히 나라의 경제 발전을 위해서는 노동자와 농민을 희생해도 된다고 생각하고 있었지요. 이런 박정희 대통령에게 감히 반대하는 사람은 없었습니다. 하지만 김수환 추기경은 항상 소외된 노동자들의 편을 들었습니다.

 사랑의 등불을 켜세요

1970년대 우리나라의 노동 환경은 이루 말할 수 없이 열악했습니다. 농촌에서 도시로 올라온 어린 소녀들은 먼지 구덩이 작업장에서 온종일 일해야 했습니다. 노동자들은 날마다 고된 일을 하고 휴일을 제대로 챙기지 못했습니다. 게다가 월급도 제때에 받지 못하는 경우가 많았지요.

노동자들은 노동자들의 권익을 보호할 수 있는 모임을 만들어서 회사와 협상을 해야 한다고 생각했습니다.

"우리도 노조를 만듭시다."

"맞습니다. 노조를 만들어 우리의 생존권을 요구해야 합니다."

하지만 이런 노동자들의 모임을 정부와 기업주가 좋아할 리 없었습니다.

"노동자들이 노조를 만들면 그들의 요구를 들어줘야 해. 월급을 올려 달라는 둥, 법적으로 일하는 시간을 보장해 달라는 둥 얼마나 골치 아픈 일들이 많이 일어나겠어? 어떻게 해서든지 노동자들이 노조를 만드는 걸 막아야 해."

힘없는 노동자들의 편에 서다

노동자들은 자신들의 권리를 지키기 위해 한목소리를 냈고, 정부와 기업주들은 그것을 막기 위해 무차별한 무력을 행사했습니다. 그것이 1970년대 우리나라의 모습이었습니다.

1978년, 김수환 추기경이 외출했다 돌아오자 한 신부님이 다급하게 말했습니다.

"추기경님, 인천 동일방직 여공들이 단식 농성을 하기 위해 성당 안으로 들어왔습니다. 어떻게 해야 할까요?"

노동자들이 명동성당 안에 들어와 시위를 하겠다고 한 것은 처음 있는 일이었습니다.

"추기경님, 어떻게 하라고 할까요?"

젊은 신부가 다시 한 번 재촉했습니다. 그러자 김수환 추기경은 당연하다는 듯이 말했습니다.

"뭘 어떻게 합니까? 성당 안에 들어온 사람들을 내쫓기라도 하겠다는 겁니까? 당연히 사정을 들어 보고 우리가 돌봐야지요. 그게 우리가 해야 할 일이잖아요."

"하지만 박정희 정부가 싫어할텐데요. 자칫하면 우리 성당에도 불똥이 튈 수 있습니다. 차라리 저들을 내보내는 것이……."

김수환 추기경은 젊은 신부의 말을 잘랐습니다.

"우리는 주일마다 신도들에게 이웃을 내 몸처럼 사랑해야 한다고 가르칩니다. 지금 정부가 무서워서 이웃의 아픔을 외면한다면 그건 우리

자신을 속이는 거나 다를 게 없습니다. 아무리 말로 '이웃을 네 몸처럼 사랑하라.'라고 외치면 뭐 합니까? 실천이 중요하지요. 여공들은 지금 어디 있습니까? 가서 마음껏 시위를 하라고 말해 주어야겠습니다. 이곳은 하느님의 땅이니까 다른 사람들의 눈치를 보지 말고 마음껏 행동하라고요."

성당 안에는 여공 30명이 흐느끼며 울고 있었습니다.

"추기경님, 제발 저희를 살려 주세요."

"무슨 일로 그렇게 서럽게 울고 있습니까? 천천히 사정을 말해 보세요."

"저희는 인천 동일방직에서 일하는 여공들입니다. 그런데 회사의 조종을 받은 남자 직공들이 우리를 때리고 똥물까지 뿌렸습니다."

얼마 전에 인천 동일방직의 여공들은 기업주의 횡포에 맞서려고 노조를 만들었습니다. 일을 하고서도 대접받지 못하는 자신들의 형편을 개선하고 잃어버린 권리를 되찾고 싶어서 그랬던 것이었습니다.

"경찰에 신고를 하셨나요?"

"물론 했지요. 하지만 경찰들은 말릴 생각을 하지 않고, 똥물을 뿌리는 광경을 보며 낄낄거렸습니다."

김수환 추기경은 할 말을 잃었습니다.

"노조를 만들었다고 사람을 때리고 똥물을 뿌렸다고요?"

"그뿐만이 아니에요. 노조원들의 회의장에 경찰이 들어와서 노조원들을 몽둥이로 때렸습니다. 매를 맞아 기절한 여공들은 병원에 실려 가기도 했습니다."

여공들은 자신의 억울함을 더는 호소할 곳이 없어 명동성당을 찾아왔다고 말했습니다.

김수환 추기경은 여공들이 명동성당에 있을 수 있도록 배려해 주었습니다. 그리고 여공들의 권익을 되찾아 주기 위해 정부에 노조 탄압 중지를 촉구했습니다.

"정부는 지금 당장 노동자들과 대화에 나서야 한다. 인천 동일방직 여공들은 아무런 죄도 없이 고통을 받고 있다."

매스컴에서도 김수환 추기경의 말을 날마다 전했습니다.

"정부가 나서서 이 문제를 해결해 주십시오. 인천 동일방직 여공들이 예전처럼 마음 놓고 일을 할 수 있도록 해 주십시오."

그러자 정부 측에서는 김수환 추기경에게 그렇게 하겠다고 약속했습니다. 김수환 추기경은 여공들을 찾아가 그 소식을 전했습니다.

"이제 해결되었으니 단식 농성을 풀고 일터로 돌아가세요."

그러나 정부와 회사 측은 약속을 지키지 않았습니다. 노조를 만든 여공들을 모두 해고했을 뿐만 아니라 다른 회사에 취직할 수조차 없게 했습니다. 여공들은 회사 대문에 매달려 사정했지요.

"제발 일을 하게 해 주세요."

하지만 회사 측은 냉정했습니다.

"노조에 가입한 노동자들은 필요 없습니다."

여공들은 새벽에 몰래 공장 안으로 들어가 기계를 붙잡고 울었습니다.

"우리는 일하고 싶다!"

하지만 여공들은 경찰들에게 잡혀 강제로 끌려 나와야만 했습니다. 정부는 회사 측의 이런 태도를 알면서도 어떤 조치도 취하지 않았습니다.

이 사실을 안 김수환 추기경은 날마다 기도회를 열고 노동자 인권 탄압 중지를 촉구하는 성명을 발표했습니다.

"나라에서는 기회가 있을 때마다 연약한 여성 근로자들을 조국 건설의 역군이라고 부릅니다. 그런데 그들을 이렇게 학대한 사람들은 누구입니까? 왜 이렇게 사람이 사람을 짓밟아야 합니까? 이 나라의 법은 약한 자들을 괴롭히기 위해 있는 것입니까? 정부와 기업주들은 제발 어리석은 짓을 그만두십시오. 우리는 이 일이 사랑으로 해결되기를 바라고 있습니다. 하지만 계속해서 힘없는 이들을 짓밟는다면, 더는 지켜보지 않겠습니다. 우리는 양심과 신앙에 따라 행동할 것입니다."

김수환 추기경은 이들을 돕기 위해 변호인단을 만드는 등 여러 가지 노력을 기울였습니다. 그 덕분에 여공들은 가까스로 회사에 돌아갈 수 있었습니다.

하지만 얼마 지나지 않아 여공들은 다시 오물을 뒤집어쓰는 모욕을 당하고 쫓겨났습니다. 정부 관계 기관의 협조 없이는 억울하게 퇴직을 당한 여공을 구할 길이 없었습니다.

하지만 노동자의 희생을 바탕으로 경제 성장을 추진하는 박정희 정부가 노조 편을 들어줄 리 없었습니다. 정부는 오히려 명동성당과 김수환 추기경에게 압력을 넣었습니다.

"다시는 노동자들 문제에 개입하지 마십시오. 안 그러면 큰코다칠 수 있습니다."

하지만 김수환 추기경은 정부의 압력에 굴복하지 않았습니다.

"나는 노동자들 문제에 개입하는 게 아닙니다. 이웃을 사랑하라는 성경 말씀을 따르고 있을 뿐입니다."

사랑의 마음으로 문제를 해결해야 한다

김수환 추기경과 정부 사이의 팽팽한 긴장은 누그러지기는커녕 날이 갈수록 심해졌습니다. 뭔가가 곧 '펑!' 하고 터질 것처럼 아슬아슬했습니다.

그러다 1979년 여름에 '오원춘 사건'이 터졌습니다. 오원춘 사건이란 경북 영양에서 농사를 짓는 오원춘 씨가 나라를 상대로 보상금을 받아 낸 사건이었습니다.

오원춘 씨는 나라에서 판 불량 씨감자 때문에 그해 감자 농사를 망쳤습니다. 그는 나라를 상대로 소송을 걸었고, 소송에서 이겨 보상금을 받아 냈습니다.

이것은 민주주의 사회에서 당연한 일입니다. 나라 때문에 손해를 보았다면 나라에서 보상을 해 주어야 마땅하니까요. 하지만 1970년대 우리나라에서는 민주주의가 제대로 구현되고 있지 않았습니다.

오원춘 씨가 나라를 상대로 피해 보상을 받은 소식이 퍼지자 같은 피해를 입은 농민들이 너도나도 피해 보상 운동을 벌이려고 했습니다.

"우리도 오원춘처럼 보상을 받아 내자!"

그러다 갑자기 오원춘 씨가 행방불명이 되어 버렸습니다. 보름 만에 다시 나타난 오원춘 씨는 몹시 처참해 보였습니다. 그는 명동성당을 찾아와 부르르 떨면서 그동안 있었던 일을 이야기했습니다.

"저는 국가 정보원들에게 납치를 당했습니다. 그들은 다시는 나라를 상대로 소송을 하지 말라며 폭행을 휘둘렀습니다."

이 이야기를 들은 김수환 추기경은 시국 기도회를 열었습니다. 그리고 힘없는 노동자, 농민에게 폭력을 휘두르는 정부를 향해 말했습니다.

"국민들은 국가의 적이 아닙니다. 국가의 주인입니다. 국가는 주인을 위해 일해야 합니다. 폭력으로 국민들을 다스리려고 하는 것은 그 마음 속에 사랑이 없기 때문입니다. 나라를 이끌어 가는 사람들은 국민을 사랑하는 마음을 가져야 합니다. 그것만이 우리 사회의 문제를 근본적으로 해결할 수 있습니다."

그때는 정부의 탄압이 두려워 어느 누구도 정부의 일에 반대하지 못했습니다. 입바른 소리를 하는 사람들을 경찰이 잡아가 고문하고, 심지어 죽이기까지 했습니다.

정부는 오히려 천주교를 빨갱이로 몰아세웠습니다.

"오원춘은 잠시 혼자 여행을 떠났을 뿐이다. 김수환 추기경과 천주교 사람들은 근거 없는 사실을 퍼트리고 있다. 천주교 안에는 북한을 추종

하는 빨갱이들이 숨어 있다."

정부에서 조작한 여론을 믿고 실제로 김수환 추기경을 가리켜 '빨갱이'라고 부르는 사람들도 적지 않았습니다. 심지어 김수환 추기경과 개인적으로 잘 아는 신부들 가운데에도 그런 사람들이 있었지요.

"추기경님, 교회가 나랏일에 관여하는 것은 옳지 않습니다."

그런 말을 들을 때마다 김수환 추기경은 마음이 찢어질 듯 아팠습니다.

하지만 김수환 추기경은 평생 힘없는 사람들의 편에 서서 폭력을 휘두르는 자들에게 맞섰습니다. 그러면서도 늘 폭력을 휘두르는 사람들에게 서로 사랑하며 살아가야 한다는 말을 잊지 않았습니다.

등불의 크기는 중요하지 않다

이후로 김수환 추기경이 몸담고 있던 명동성당은 가난하고 힘없는 사람들의 피난처가 되었습니다. 억울한 일을 당한 사람들은 명동성당으로 들어가 자신의 억울함을 호소하곤 했지요. 정부에서도 명동성당에 들어간 사람들을 억지로 잡아들이지는 못했습니다.

명동성당은 우리나라 천주교의 심장부라 할 수 있는 곳입니다. 정부가 김수환 추기경을 어쩌지 못한 것은 천주교의 중심지에 함부로 경찰들을 투입할 수 없기 때문이었습니다.

노동자, 농민, 군사 독재를 반대하는 학생들은 하루가 멀다 하고 명동 성당을 찾아왔습니다. 김수환 추기경은 단 한 번도 억울한 일을 당한 이웃들을 외면하지 않았습니다.

그렇다고 해서 김수환 추기경이 모든 노동자들을 받아들인 건 아닙니다. 높은 임금을 받는 큰 사업장의 노동자들이 주도하는 파업에는 찬성하지 않았습니다.

"지금은 노사가 한마음이 되어 열심히 일해도 힘들 때입니다. '너 죽고 나 죽자' 라는 식으로 파업을 하는 건 잘못된 자세입니다. 왜 어리석게 다 함께 죽는 길을 걷고 있습니까? 서로 조금씩 양보하면서 힘을 모아야 합니다. 높은 임금을 받고 있으면서도 무조건 회사 측에게 임금을 더 올려 달라고 하는 건 잘못된 일입니다. 서로의 처지를 이해하려고 하는 자세가 필요합니다. 노동자와 회사 측은 남이 아닙니다. 먼저 서로 사랑하는 마음을 가지세요. 사랑하는 마음이 없기 때문에 작은 일에도 아웅다웅 싸우는 것입니다."

하지만 김수환 추기경은 벼랑 끝에 몰려서 명동성당을 찾아오는 사람들을 무조건 보호하고 감싸 안았습니다. 쥐꼬리만 한 월급도 받지 못하면서 부당한 대우를 받는 노동자들이 명동성당에서 시위를 하겠다고 하면 늘 그들의 입장에 서서 그들이 잃어버린 권익을 찾도록 도와주었습

니다.

한번은 민주화 운동을 하는 대학생들이 명동성당에 숨어든 적이 있었습니다. 그때 전경들은 명동성당을 포위했습니다. 전경들 일부가 명동성당 안으로 들어오려고 하자 김수환 추기경은 전경들 방패 바로 앞에 서서 말했습니다.

"나를 밟고 내 뒤에 서 있는 신부들을 밟고, 그 뒤에 서 있는 수녀들을 밟은 다음에야 학생들에게 갈 수 있을 것이다."

전경들은 김수환 추기경의 말에 놀라 뒤로 주춤주춤 물러설 수밖에 없었습니다.

이런 김수환 추기경은 박정희 정부에게 눈엣가시 같은 존재였습니다. 정부는 김수환 추기경의 방에다 도청 장치를 설치하고 정보부 요원을 시켜 온종일 감시하도록 했습니다.

김수환 추기경은 자신이 정보부 요원들에게 감시당하고 있다는 사실을 알고 이렇게 말했습니다.

"누군가가 숨어서 24시간 동안 내 말을 듣고 있다고 생각하면 좀 무섭기도 합니다. 하지만 나는 늘 사랑하며 살라는 얘기만 하니까 아무런 문제가 없다고 생각합니다. 지금 우리 사회에서 일어나는 일은 모두 서로 사랑하지 않아서 일어나는 일이니까요."

정보부 요원들은 아예 집무실 밖에 진을 치고 김수환 추기경을 감시했습니다. 하나라도 꼬투리를 잡아 흠을 내려고 했지요. 하지만 김수환 추기경은 언제나 다른 사람을 위해 노력했고, 사랑하라는 말을 외치고 다녔습니다. 김수환 추기경을 종일 감시하던 정보부 요원들이 그 말에 감동하여 잘못을 뉘우칠 정도였지요.

"나도 앞으로는 김수환 추기경님처럼 이웃을 사랑하는 마음을 가져야겠어. 그동안 너무 나만 생각하며 산 거 같아."

"나도 그래. 멋모르고 힘없는 사람들을 괴롭힌 게 후회돼."

심지어 이런 일도 있었습니다. 김수환 추기경을 감시하던 정보부 요원 몇몇이 은밀히 김수환 추기경을 찾아왔습니다.

"어, 자네들 왔나. 오늘도 나를 잘 감시하고 있겠지?"

김수환 추기경은 그들을 반갑게 맞이했습니다. 김수환 추기경의 눈에는 그들도 적이 아니라 사랑해야 할 대상이었던 것입니다. 그런 김수환 추기경을 본 정보부 요원들은 고개를 숙이며 사죄했습니다.

"죄송합니다. 추기경님, 위에서 시키는 일이라……."

정보부 요원들은 기어들어가는 목소리로 말했습니다. 그러자 김수환 추기경은 껄껄 웃었습니다.

"나도 잘 알고 있으니까 미안해하지 말게. 그런데 무슨 일로 날 찾아왔나?"

"그게…… 저, 세례를 받고 싶습니다. 추기경님의 가르침대로 살고 싶습니다."

"세례?"

"안 될까요?"

김수환 추기경은 기쁜 나머지 자리에서 벌떡 일어나 그들의 손을 잡았습니다.

"안 되긴 왜 안 되나. 내 당장 세례식을 준비하겠네. 그런데 갑자기 왜 그런 결심을 하게 되었나?"

"추기경님을 24시간 동안 감시하다 보니까 마음에 변화가 생겼습니다. 추기경님은 늘 '네 이웃을 사랑하라' 고 말씀하시잖아요. 그리고 늘 힘없는 이웃들을 위해 사시잖아요. 그런 모습을 가까이서 지켜보면서 마음이 안 변할 사람이 어디 있겠습니까? 저희는 그동안 나쁜 짓을 많이 했습니다. 하지만 이제부터는 추기경님의 말씀대로 이웃을 사랑하며 살고 싶습니다. 저희도 남은 인생을 추기경님처럼 살고 싶습니다."

정보부 요원들은 진심으로 뜨거운 눈물을 흘렸습니다. 그 말을 듣는 김수환 추기경의 눈에도 눈물이 촉촉하게 맺혔습니다.

김수환 추기경은 죽기 전에 자신의 책에서 죄 하나를 고백했습니다.

"난 가난하고 힘없는 이들과 함께하는 삶을 살지 못했다. 추기경이 되어 어디 가나 귀족 대접을 받으며 살았다. 마더 테레사처럼 가난하고 힘없는 사람들 옆에서 함께 살지 못했다. 나는 죽어서 심판 받을 때 할 말이 없다."

김수환 추기경은 자신이 귀족처럼 살았다고 고백했지만, 그의 사제관을 본 사람들은 압니다. 그의 사제관에는 값나가는 물건이 하나도 없었습니다. 게다가 김수환 추기경은 죽었을 때 개인 재산이 단 한 푼도 없었습니다. 돈이 생길 때마다 모두 가난한 사람들을 위해 썼거든요.

김수환 추기경은 마지막으로 이 세상과 작별하며 우리에게 이런 말을 남겼습니다.

"등불의 크기는 중요하지 않습니다. 각자 사랑의 등불을 켜서 어두워 가는 이 세상을 밝히세요."

[평화를 사랑하는 어린이를 위한 다큐 동화]

평화를 너무 어렵게 생각하지 마세요

엘리너 루즈벨트 1884~1962
세계 인권 선언문을 만든
미국의 사회 운동가

"오직 자기 자신만을 사랑하는 사람처럼 불행한 사람은 없을 거예요. 모든 사람들이 나를 사랑하는 만큼 남을 사랑한다면 얼마나 좋을까요? 그렇게만 된다면 이 세상에는 곧 평화가 찾아올 거예요."

"우리 학교는 여러 나라에서 온 학생들이 함께 생활하는 학교예요. 지금 이 자리에 모여 있는 여러분은 각각 다른 문화에서 자라났기 때문에 생각이나 행동이 서로 많이 다를 거예요.

그래서 우리 학교에서는 '관용'을 첫째 덕목으로 삼고 있어요. 나와 다른 친구들과 함께 생활할 때는 그 친구들이 나와 좀 다르더라도 너그럽게 받아들이는 게 중요해요."

엘리너는 수베르터 선생님의 말을 하나라도 놓치지 않기 위해 열심히 메모했습니다.

"오직 자기 자신만을 사랑하는 사람처럼 불행한 사람은 없을 거예요. 모든 사람들이 나를 사랑하는 만큼 남을 사랑한다면 얼마나 좋을까요? 그렇게만 된다면 이 세상에는 곧 평화가 찾아올 거예요."

엘리너는 알렌스우드 여학교에서 공부하면서 다른 사람을 사랑하고 관용을 베푸는 것이 얼마나 중요한지를 가슴속 깊이 깨달았습니다.

 모두가 평화롭게 살 수 있는 방법

미국의 유명한 상류층 가정에서 태어난 엘리너는 어렸을 때부터 춤을 추는 법, 대화하는 법, 여자답게 음식을 먹는 법 따위를 배워야 했습니다. 나이가 들면 사교계에 나가 각종 상류층 사람들과 사귀어야 할 테니까요.

하지만 엘리너는 사교계에서 상류층 사람과 어울리는 일에 흥미를 느끼지 못했습니다.

"얘야, 너도 알다시피 우리 가문은 유명한 상류층이다. 이런 가문에서 태어났으니 너는 상류층 어린이답게 생활해야 해. 장차 사교계에 나가려면 미리미리 교양을 익혀야 한단다."

"할머니, 전 마을 아이들과 함께 놀고 싶어요. 걔들하고 놀면 아주 재미있어요. 하지만 사교 모임에 나가면 따분하고 지루하다고요."

"철없는 소리하지 마라!"

할머니는 엘리너의 말을 듣자마자 빽 하고 소리를 질렀습니다.

"상류층 사람은 상류층 사람끼리 어울려야 해. 마을 아이들과 놀고 싶다고? 제발 네 품격에 맞는 생활을 하렴! 넌 그런 아이들과 전혀 어울리지 않아."

엘리너에게는 엄마가 없었습니다. 그 대신 아주 부자이고 엄격한 할머니가 계셨지요. 엘리너는 할머니에게서 엄한 교육을 받으며 자랐습니다. 엘리너의 할머니는 엘리너를 가장 우아하고 품위 있는 숙녀로 키우고 싶어 했습니다. 할머니의 꿈은 엘리너를 사교계에서 가장 주목받는 아가씨가 되게 하는 것이었거든요.

하지만 엘리너는 사교계에서 주목받는 사람이 되고 싶지 않았습니다. 엘리너의 꿈은 자유롭게 사람들과 어울려 사는 것이었지요.

나와 다른 사람도 받아들여라

그런 엘리너의 인생이 영국의 알렌스우드 여학교에 입학하면서 바뀌기 시작했습니다. 알렌스우드 여학교는 마리 수베르터라는 프랑스 선생님이 운영하는 학교인데, 수베르터 선생님은 보통 선생님들과는 아주 다른 선생님이었습니다.

"보통 사람들이 나와 다른 사람을 받아들이지 못 하는 이유는 무지와 두려움 때문이에요. 우리가 일상생활에서 나와 다른 사람을 받아들이지 못한다면 우리는 결코 평화로운 세상을 만들 수 없어요."

수베르터 선생님의 말씀은 잠들어 있던 엘리너의 영혼을 깨웠습니다.

'그래! 수베르터 선생님의 말씀이 옳아. 나도 평화로운 세상을 만드는 사람이 되고 싶어.'

엘리너는 그곳에서 많은 것을 배우고, 느끼고, 깨닫고, 경험하면서 자기 자신의 참모습을 발견했습니다. 그리고 태어나서 처음으로 다양한 사람들이 함께 모여 평화롭게 사는 게 어떤 것인지를 알게 되었습니다.

하지만 엘리너의 이런 생활은 그리 오래가지 않았습니다. 알렌스우드의 마지막 학년이 시작되자 엘리너의 할머니가 엘리너를 미국으로 불렀거든요.

"엘리너! 너도 이제 다 컸으니 사교계에 나가렴. 하루빨리 신랑감을 찾아 결혼을 해야지."

엘리너는 할머니의 강요로 사교 모임에 나가게 되었습니다. 하지만 날마다 답답한 기분만 느꼈지요.

'잘 먹고 잘산다고 해서 행복한 건 아니야. 뭔가 의미 있는 일을 하며 살아야 행복한 거야.'

그러던 어느 날, 엘리너는 사회복지관을 찾았습니다. 엘리너를 본 사회복지관 관장은 허리를 숙여 인사를 했습니다. 그리고 엘리너를 정중하게 사회복지관으로 안내했습니다.

사회복지관을 찾은 상류층 사람들은 사회복지관을 한 번 휙 둘러본 다음 기부금만 내고 서둘러 떠나곤 했습니다. 관장은 엘리너도 그런 귀부인들 가운데 한 명이라고 생각했습니다. 하지만 엘리너는 달랐습니다. 그녀는 팔을 걷어붙이며 말했습니다.

"관장님, 저도 이곳에서 이민자들을 위해 일을 하고 싶어요. 무슨 일을 먼저 하면 될까요?"

관장은 눈을 동그랗게 뜨고 엘리너를 바라봤습니다.

"네? 이곳에서 일을 하시겠다고요?"

관장은 속으로 콧방귀를 뀌었습니다.

'나 참! 살다 살다 별소리를 다 듣겠군. 부족한 것 하나 없이 자란 상류층 집안의 여자가 사회복지관에서 일을 하겠다니. 그게 며칠이나 가겠어.'

관장은 어색한 미소를 띠며 말했습니다.

"그렇게 하시죠. 하지만 언제든 그만두고 싶으면 말씀하세요."

하지만 관장의 예상은 보기 좋게 빗나갔습니다. 엘리너는 지쳐 나가떨어지기는커녕 누구보다도 열정적으로 일했습니다.

당시 사회복지관에는 가난하고 힘없는 이민자들이 모여 살고 있었습니다. 요즘 우리나라에 살고 있는 외국인 불법 체류자들처럼 그들은 오랜 시간 일을 하고도 돈을 받지 못해 가난하게 살고 있었지요. 엘리너는 돈을 받지 못한 이민자들을 직접 찾아다니며 사실을 확인했습니다.

"왕핑 씨, 서류가 완성되었습니다. 여기다 사인하세요."

"이렇게 한다고 정말 돈을 받을 수 있을까요?"

항상 당하고만 살았던 이민자들은 국가와 관공서를 믿지 못했습니다. 당시 미국 사회는 새로운 이민자들을 쉽게 받아들이지 않았습니다. 특히 동양인들에게는 더더욱 그러했습니다. 미국 시민들은 얼굴색도 다르고, 문화도 다른 동양인 이민자들에게 기회를 주려고 하지 않았습니다. 일자리도 주지 않았고 일을 시킨 다음에도 임금을 주지 않았지요.

"제가 임금을 받을 수 있게 최선을 다할게요. 희망을 가지세요."

엘리너는 일을 하고도 억울하게 돈을 받지 못한 이민자에게 하나하나 사인을 받았습니다. 그리고 소비자 연맹을 찾아가 고발했습니다. 그 결과 많은 이민자들이 밀린 임금을 받을 수 있게 되었지요.

남의 나라 사람의 일인데도 불구하고 마치 자기 일처럼 성심껏 돌보는 엘리너의 모습을 본 이민자들은 조금씩 마음의 벽을 허물기 시작했습니다.

평화를 향한 첫걸음

엘리너가 훗날 미국의 대통령이 된 프랭클린 루즈벨트를 처음 만난 것은 이때쯤이었습니다. 엘리너와 먼 친척인 프랭클린은 엘리너가 보통 사교계 여성들과는 사뭇 다른 생각을 가지고 있는 것을 알고 매력을 느꼈습니다.

프랭클린은 엘리너를 만나기 전까지는 이웃들이 얼마나 많은 고통을 받으며 살고 있는지 알지 못했습니다. 상류층 집안 출신인 프랭클린의 눈에는 상류층 울타리 밖에 존재하는 세계가 보이지 않았지요.

하루는 엘리너와 프랭클린이 어두운 빈민가 골목을 걸어가고 있었습니다. 그러다 길가에 쓰러져 있는 한 소녀를 보았지요.

프랭클린은 더러운 옷을 입고 있는 소녀를 보자 자기도 모르게 뒤로 물러섰습니다. 하지만 엘리너는 조금도 망설이지 않고 소녀를 부축해서 일으켰습니다.

"애야, 집이 어디니?"

엘리너가 소녀를 부축하는 모습을 보고 프랭클린도 함께 소녀를 부축했습니다.

소녀의 집은 집이라고 할 수 없는 곳이었습니다. 좁은 단칸방에 여러 명의 가족이 북적북적 살았지요. 천장은 철판으로 덮여 있고, 널빤지로 막아 놓은 벽에서는 찬바람이 숭숭 들어오고 있었습니다. 방 안에는 아무런 가구도 없었고 전깃불도 들어오지 않았습니다.

"가난한 이민자들이에요. 힘없는 이민자들은 대부분 이런 생활을 하고 있어요."

엘리너가 당황해서 어쩔 줄 모르는 프랭클린에게 말했습니다. 그러자 프랭클린은 믿기지 않는 듯 되물었습니다.

"정말 이민자들이 대부분 이런 생활을 하고 있소? 당신은 그런 사실을 어쩜 이렇게 잘 알고 있지요?"

엘리너는 자신이 그동안 이민자들을 위해 사회복지관에서 자원 봉사를 해 오고 있다고 말했습니다. 그 말을 들은 프랭클린은 더 깜짝 놀랐습니다.

'상류층에서 자란 엘리너가 가난한 이민자들을 위해 일을 하고 있다

니! 아, 부끄럽구나. 난 그동안 이민자들이 이렇게 비참한 생활을 하고 있는 것조차 몰랐는데.'

어렸을 때부터 온갖 혜택을 받으며 자라 온 프랭클린은 이민자들의 생활을 이해하지 못했습니다.

"엘리너, 이민자들이 왜 이런 생활을 하고 있는 거요?"

"우리 사회가 이들을 받아들이지 않으니까요. 우리 사회는 '관용'의 정신이 부족해요. 우리와 생각이 다르고, 문화가 다르고, 언어가 다르다고 해서 이들에게 일할 기회조차 주지 않아요.

많은 상류층 사람들이 입으로는 평화를 외치고 있지만, 평화는 그냥 주어지는 게 아니에요. 먼저 자기와 다른 이웃부터 진심으로 받아들일 줄 알아야 진정한 평화가 찾아오지요."

엘리너의 말을 들은 프랭클린은 크게 깨달았습니다. 엘리너 덕분에 상류층 울타리 밖에 존재하는 세계에도 눈을 뜨게 된 것이죠. 엘리너에게 영향을 받은 프랭클린은 이후 대통령이 되어 가난하고 어려운 이민자들을 보호하는 법들을 만들었습니다.

전쟁은 왜 일어나는가?

1936년, 프랭클린 루즈벨트가 미국 대통령에 당선되었습니다. 엘리너는 프랭클린이 대통령이 된 것은 기뻤지만, 자신이 영부인이 된 것은 탐탁스럽지 않았습니다. 왜냐하면 영부인에게는 늘 행동의 제약이 따랐기 때문이지요.

엘리너는 다른 영부인들과는 전혀 다르게 행동했습니다. 옷도 평범하게 입었고 거드름도 피우지 않았습니다. 그 대신 가난하고 어려운 이웃이나 소외당하고 있는 여성들을 위해 본격적으로 노력했습니다.

그런 엘리너를 흉보는 사람들도 많았습니다.

"세상에 별일이야. 이제 대통령 마누라가 대통령 노릇을 하려고 하네."

"상류층답지 못하게 빈민층 사람들과 잘 어울린다더군."

이런 비난들이 쏟아졌지만 엘리너는 자신이 옳다고 믿는 일을 끝까지 밀고 나갔습니다.

1945년에 프랭클린 루즈벨트가 죽은 다음에도 엘리너는 활동을 멈추지 않았습니다. 당시 전 세계 사람들은 두 차례에 걸친 세계 대전으로 큰 희생을 치른 상태였습니다.

제1차 세계 대전으로 천만 명의 사람이 목숨을 잃었고, 제2차 세계 대전으로 약 사천만 명이 목숨을 잃었습니다. 또한 수많은 건물과 땅이 파괴되었습니다. 이제 사람들은 평화를 간절히 원했습니다.

하지만 사람들은 평화로운 세상을 어떻게 만들어야 하는지에 대해서 잘 몰랐습니다. 피난민과 전쟁 포로들을 어떻게 처리해야 할지도 큰 문제였습니다.

그러던 어느 날, 프랭클린 루즈벨트의 뒤를 이어 대통령이 된 트루먼이 엘리너에게 전화를 걸었습니다.

"엘리너, 올겨울 런던에서 첫 유엔 총회가 열립니다. 당신이 미국의 대표를 맡아 주세요."

"유엔이라니요?"

"유엔은 세계 여러 국가의 대표들이 모여 만든 국제단체입니다. 국가와 국가 사이에 일어나는 일들을 조율하기 위해 만들었지요. 엘리너, 우리는 유엔을 평화를 위해 노력하는 기구로 만들고 싶습니다. 당신이라면 그 일을 할 수 있을 거예요."

엘리너는 순간 깜짝 놀라서 입이 얼어붙었습니다. 한참 만에 겨우 입을 열었지요.

"외교에 대해 아는 것도 없고 회의 진행 방식도 잘 모르는데, 내가 그 일을 잘할 수 있을까요?"

"물론이지요. 세계 평화를 위한 국제기구를 만드는 건 당신의 오랜 꿈이잖아요. 무엇보다 당신에게는 평화를 사랑하는 마음이 있잖아요. 엘리너, 당신보다 이 일을 더 잘할 수 있는 사람은 없어요."

전쟁이 끝났지만 유럽에는 백만 명이 넘는 전쟁 포로들, 망명자들, 피난민들이 수용소에 갇혀 있었습니다. 그들은 그곳에서 알 수 없는 앞날을 걱정하며 불안에 떨고 있었지요. 엘리너가 속한 유엔 대표단은 그들의 앞날을 결정하는 중요한 역할을 맡고 있었습니다.

'내 손에 수백만 명의 사람들 운명이 달려 있어. 일을 제대로 해서 모두가 평화롭게 살 수 있도록 해야 해.'

엘리너는 수많은 서류와 글을 읽어 봤습니다. 그리고 대부분의 시간을 피난민들과 전쟁 포로들을 직접 만나 그들의 의견을 듣는 데 보냈습니다. 동유럽 출신의 피난민들은 사회주의 국가가 되어 버린 고향으로 돌아가기를 겁냈고, 서유럽 출신의 피난민들은 하루빨리 고향으로 되돌아가고 싶어 했습니다.

엘리너는 피난민이든 전쟁 포로든 누구나 자신이 살 곳을 스스로 선택해서 평화롭게 살 수 있어야 한다고 생각했습니다.

서유럽 국가 대표들은 엘리너의 생각과 같았지만 동유럽 국가 대표들은 생각이 달랐습니다. 당시 소련, 중국 등의 나라와 동유럽 나라들은 사회주의를 믿는 나라였습니다. 이들 나라는 개인보다 사회를 우선으로 생각하여 사회 전체의 단합과 발전을 중요하게 생각했습니다. 그들은 피난민들의 의사와는 상관없이 동유럽 출신 피난민들을 자신들의 나라로 데려가고 싶어 했습니다.

결국 유엔 대표단은 두 가지 의견을 표결에 부쳐 결정하기로 했습니다. 엘리너와 소비에트 연방의 비쉰스키를 대표 연설자로 선출했습니다. 비쉰스키는 연설을 아주 잘하는 정치인이었습니다.

비쉰스키는 동유럽 출신의 피난민들을 고향으로 돌려보내야 한다며 불을 뿜듯 열정적으로 연설을 했습니다. 비쉰스키의 뜨거운 연설에 수많은 박수갈채가 터져 나왔습니다.

그 모습을 뒤에서 지켜보고 있던 엘리너는 심장이 마구 뛰었습니다.

'그동안 많은 연설을 했지만 백만 명이 넘는 사람들의 운명이 걸린 연설은 처음이야. 비쉰스키보다 연설을 못해서 투표에서 지면 그 많은 사람들의 운명은 어떻게 될까? 그래! 진심을 다해 연설을 하는 거야.'

엘리너는 연설문 원고를 자리에 두고 단상으로 올라갔습니다. 그리고 자신의 마음을 담아 차근차근 이야기를 했습니다.

"여러분! 전쟁이 왜 일어난다고 생각하십니까? 전쟁은 어떤 국가가 다른 국가의 정치적 사상, 삶의 방식 등을 받아들이지 않기 때문에 일어납니다. 전쟁을 비롯한 모든 다툼이 나와 다르다는 것을 받아들이지 않기 때문에 일어나지요.

이 땅에 진정한 평화를 되찾으려면 나와 다른 생각을 가진 사람들을 인정할 줄 알아야 합니다. 나와 다른 생각을 가진 사람도 존중하고 받아들일 줄 아는 관용의 정신이 필요합니다.

여러분! 동유럽 출신의 피난민들의 의견을 존중해 주십시오. 그들이 사회주의 사회가 된 고향으로 돌아가고 싶어 하지 않는다면 그들의 의견을 존중해야 합니다. 우리가 그들의 의견을 받아들이는 것이 바로 평화를 향한 첫걸음이 될 것입니다."

투표 결과는 엘리너의 승리였습니다. 비쉰스키처럼 열정적인 연설은 아니었지만 엘리너의 한 마디 한 마디에는 진심이 묻어났습니다.

엘리너의 진심 어린 연설 덕분에 백만 명이 넘는 전쟁 포로와 피난민들은 자기가 살고 싶은 곳으로 가서 생활할 수 있는 자유를 얻었습니다.

평화를 너무 어렵게 생각하지 마세요

1946년, 유엔 인권위원장이 된 엘리너가 첫 번째로 한 일은 인간이 가져야 할 최소한의 권리를 정하는 '세계 인권 선언문'이었습니다.

세계 인권 선언문을 만들기 위해 엘리너는 마음을 열고 많은 사람들의 의견을 듣고 받아들였습니다.

"모든 인간(men)은 평등하게 창조되었다는 문장에 반대하시는 분 없지요?"

"거기서 인간을 가리키는 단어인 men을 수정하면 좋겠습니다. men은 남성만 가리킨다고 생각할 수 있으니까 모든 인간을 가리키는

human being(휴먼 빙)으로 바꾸는 게 어떨까요?"

"좋은 생각입니다. 그렇게 하지요."

"창조되었다는 말은 신을 인정하는 말입니다. 하지만 우리 공산주의자들은 신을 인정하지 않습니다."

소비에트 연맹 대표가 이의를 제기했습니다.

"그런가요? 그렇다면 '태어났다'라고 바꾸면 될까요?"

이처럼 엘리너는 평소에 자신이 주장하던 대로 다른 사람의 생각에 귀를 기울였습니다. 그리고 각국 대표들의 다양한 생각을 받아들여 모두가 만족하는 세계 인권 선언문을 만들기 위해 노력했습니다.

1948년 12월 10일. 엘리너는 마침내 세계 인권 선언문을 만들어 전 세계에게 널리 알렸습니다.

엘리너는 일흔 살이 넘어서도 활동을 멈추지 않았습니다.

"나는 나이가 몇이든 따뜻한 난롯가에서 자리나 차지하고 앉아 있고 싶지 않습니다. 죽는 날까지 평화를 위해 내가 할 수 있는 일을 하고 싶습니다."

엘리너는 그녀의 말대로 죽는 그 순간까지 세계 평화를 위해 많은 노력을 했습니다. 엘리너는 굳이 힘들게 일하지 않아도 평안하고 풍족한 삶을 살 수 있었습니다. 그렇지만 그녀는 상류층이라는 허물을 벗어 버렸지요. 엘리너는 평생 가난하고 힘없는 사람들의 말에 귀를 기울였고 모두가 함께 평화롭게 사는 세상을 만들고자 노력했습니다.

물론 엘리너의 꿈은 아직 다 이루어지지 않았습니다. 지금도 세계 곳곳에서는 다툼과 전쟁이 끊이지 않습니다. 많은 사람들이 서로 총부리를 맞대고, 또 수많은 사람들이 지금 이 시간에도 어디서 터질지 모르는 테러 때문에 두려움에 떨고 있습니다.

과연 어떻게 해야 평화로운 세상을 만들 수 있을까요? 엘리너는 숨을 거두기 전에 이렇게 말했습니다.

"평화를 너무 어렵게 생각하지 마세요. 우리가 나와 다른 사람들의 생각을 받아들일 줄 안다면 우리는 이미 평화로 가는 첫걸음을 내디딘 것입니다."

어쩌면 엘리너의 말 속에 그 답이 숨어 있을지도 모릅니다.

[평화를 사랑하는 어린이를 위한 다큐 동화]

우리가 평화를 선택할 수 있어요

버락 오바마 1961~
미국 제 44대 대통령,
2009 노벨 평화상 수상

"나는 그동안 여러 곳에서 소외된 사람들과 가난한 사람들을 위해 일해 왔어. 모든 사람들이 함께 평화롭게 사는 세상을 만들고 싶었기 때문이지. 하지만 정치가 근본적으로 바뀌지 않으면 우리 사회를 변화시킬 수 없어."

오바마는 가난한 사람들과 소외된 사람들을 위해 열심히 일을 했습니다. 하지만 그들을 돕는 것에는 한계가 있었습니다. 새로운 세상을 만들고 싶었던 오바마는 중대한 결심을 했습니다.
"여보, 이번 선거에 출마하려고 해."
"네? 정치를 하겠다고요? 정치가 얼마나 힘들고 어려운데요. 더군다나 흑인이 당선되는 건 더더욱 힘들어요."
오바마는 아내에게 자신의 생각을 털어놓았습니다.
"나는 그동안 여러 곳에서 소외된 사람들과 가난한 사람들을 위해 일해 왔어. 모든 사람들이 함께 평화롭게 사는 세상을 만들고 싶었기 때문이지. 하지만 정치가 근본적으로 바뀌지 않으면 우리 사회를 변화시킬 수 없어."
아내는 묵묵히 그런 오바마의 뜻을 따라 주었습니다. 아내의 지지에 힘을 얻은 오바마는 사회를 변화시켜 보기로 마음먹었습니다. 그리고 1996년, 서른여섯 살의 나이로 정치에 첫발을 내디뎠습니다.

 세상을 변화시키는 힘

2008년, 나는 미국 제44대 대통령 선거 민주당 경선에 출마했습니다.

"평화, 이것이 제가 여러분에게 드리고 싶은 메시지입니다. 이제 우리는 분열과 갈등을 멈추고 평화를 선택해야 합니다. 저를 선택해 주십시오. 그러면 제가 여러분께 평화가 무엇인지 펼쳐 보이겠습니다."

처음에는 방송과 신문 모두 내 편이 아니었습니다. 〈USA 투데이〉라는 신문은 '오바마에 대한 큰 의문'이라는 기사를 실어 나를 공개적으로 비난했지요.

"오바마의 경력은 고작 일리노이 주 상원 의원 7년, 2005년 연방 상원 의원 당선이 전부다. 과연 오바마는 미국 대통령이 되기에 충분한 자격을 갖추었나?"

이런 언론 말고도 내게는 또 하나 넘어야 할 산이 있었습니다. 바로 내 경쟁자 힐러리 클린턴이었지요.

힐러리는 빌 클린턴 전 대통령의 아내이자 미국뿐만 아니라 전 세계적으로 영향력을 행사하는 정치인입니다. 힐러리는 여성 문제를 해결하기 위해 꾸준히 노력해 왔고, 가난하고 어려운 이웃을 위해 여러 방면에서 활동을 했지요.

"이번 민주당 대통령 후보 경선은 '흑인'과 '백인'의 대결이야."

"어디 그뿐이야? '남자'와 '여자'의 대결이기도 하지."

사람들은 나와 힐러리의 대결을 관심 있게 지켜보았습니다.

처음에는 힐러리가 나를 앞서 나갔습니다. 사람들은 대부분 힐러리의 승리를 예상했습니다.

"미국의 다음 대통령은 힐러리가 될 것이다."

이 소식은 곧 내 귀에 들어왔습니다. 하지만 나는 당황하지 않았습니다.

"이번 선거는 흑인과 백인, 여성과 남성, 부자와 가난한 사람의 대결이 아닙니다. 이것은 과거와 미래의 대결입니다. 우리는 각각 다른 모습이지만 전체는 하나입니다. 저는 대통령이 되어 이 사회를 통합하고 평화로운 세상을 만들고 싶습니다. 미국 국민들도 이런 제 마음을 알아주리라 믿습니다."

나와 힐러리의 대결은 치열하게 전개되었습니다. 결과는 어떻게 되었을까요? 내 승리였습니다.

나는 민주당 대통령 선거 후보로 선출되었고, 마침내 미국 최초의 흑인 대통령이 되었습니다. 미국의 CNN 방송은 "오바마, 역사적 이정표를 세웠다!"라고 평가했고 전 세계 사람들은 나의 승리를 축하해 주었습니다.

사실 나는 힐러리에 비해 정치 경험이 별로 없습니다. 게다가 나는 흑인이었습니다. 그런 내가 어떻게 미국 대통령이 될 수 있었을까요? 바로 평화를 향한 의지가 남달랐기 때문이었습니다.

정치인들은 대부분 겉으로만 평화를 외칩니다. 하지만 나는 진심으로 평화로운 세상을 만들기 위해 노력할 것을 다짐했습니다. 그것이 미국 국민들의 마음을 움직였던 게 아닐까요.

함께 잘살 수 있는 방법

내가 어렸을 적만 하더라도 미국 사회는 흑인과 동양인들에 대한 차별이 아주 심했습니다. 백인이 아닌 사람들은 대부분 교육을 제대로 받지 못했고 좋은 직업을 갖기 어려웠지요.

백인들은 특히 흑인들을 늘 곱지 않은 시선으로 바라봤습니다. 심지어는 모든 흑인들을 범죄자라고 생각하는 백인들도 있었지요.

한번은 이런 일을 겪은 적도 있습니다.

내가 무심코 어떤 백인 할머니의 뒤를 쫓아 엘리베이터에 탔을 때의 일입니다. 그곳은 내가 외할아버지와 함께 사는 아파트였습니다.

그런데 갑자기 할머니가 소리를 꽥 질렀습니다.

"경비원! 어서 경찰을 불러 줘요. 이 흑인 학생이 나를 해치려고 해요."

"아니에요, 할머니. 전 여기 주민이에요."

"거짓말하지 마라. 백인들만 사는 아파트에 너 같은 흑인 아이가 어떻게 사니?"

"오, 할머니. 제가 여기 사는 건 저희 부모님 때문이에요. 우리 엄마는 백인이고, 아빠는 흑인이시거든요. 이곳은 우리 외할아버지 댁이에요. 부모님이 이혼을 하셔서 전 외할아버지랑 함께 살게 됐어요."

백인 할머니는 내 말이 사실이라는 걸 알고도 사과하지 않았습니다.

"네 말이 사실이라는 건 알았다. 하지만 흑인에게는 사과하지 않겠다."

나는 단지 흑인이기 때문에 의심을 받고 무시당해야 한다는 사실이 너무나 가슴 아팠습니다.

당시 대부분의 백인들은 흑인들을 '깜둥이'라고 부르며 멸시했습니다. 교통사고를 내거나 범죄를 저지른 사람이 흑인이면 백인들은 당연하다는 듯 말했습니다.

"그럴 줄 알았어. 흑인이니까 범죄를 저지르지. 흑인들은 문제아들이라니까."

청소년 시절, 나는 이와 같은 편견을 받아들일 수 없었습니다. 그래서 때로는 '백인 녀석들! 언젠가 혼내 줄 테야.' 라고 하며 백인들에게 대한 적대적인 감정을 드러내곤 했지요.

모든 것이 혼란스러웠던 나는 나쁜 친구들과 어울리기도 했습니다. 거리에서 술을 마시고, 동네 흑인 친구들과 어울려 다니며 담배를 피웠지요. 부끄럽지만 나는 한때 마약에 손을 대기도 했습니다.

그러던 어느 날, 어머니는 나쁜 길로 빠지려고 하는 내게 따끔하게 말씀하셨습니다.

"애야, 이 세상이 잘못됐다며 불평하지 말고 네가 나서서 세상을 바꿀 생각을 하렴!"

며칠이 지나 나는 어머니에게 약속했습니다.

"어머니, 흑인과 백인, 가난한 사람과 부자 모두 평화롭게 살 수 있는 방법을 제가 한번 찾아보겠어요."

평화를 향한 강한 의지와 실천

나는 어머니와의 약속을 지키고 싶었습니다. 흑인과 백인이 모두 함께 잘살 수 있는 나라를 만들고 싶었지요. 그래서 정말 열심히 공부를 해 미국 최고의 명문 대학인 하버드에 입학했습니다. 나는 법학을 공부했습니다. 법을 바꾸면 나라를 바꿀 수 있을 것이라고 생각했거든요.

하버드를 졸업하자 큰 회사들이 앞 다투어 나를 직원으로 데려가려고 했습니다. 가장 똑똑한 인재들이 모이는 하버드를 졸업했으니 회사에서

눈독을 들이는 건 당연했지요. 큰 법률 회사, 법원, 대기업 같은 곳에서 좋은 조건으로 제의를 해 왔습니다.

하지만 취직을 앞두고 나는 고민에 빠졌습니다.

'나는 법을 전공한 사람이야. 나를 진정 필요로 하는 곳은 어딜까? 높은 봉급, 화려한 직장은 필요 없어. 지금이야말로 우리 모두가 평화롭게 잘살 수 있는 방법을 찾아야 할 때가 아닐까? 그래! 진정으로 법이 필요한 사람들, 가난하고 소외된 사람들에게 도움을 줄 수 있는 일을 시작해 보자.'

나는 절망에 빠진 사람들에게 희망과 용기를 줄 수 있는 일을 하기로 결정하고 여러 민간단체와 지역 사회단체에 편지를 썼습니다.

"저는 하버드 법대를 졸업했고 〈하버드 로 리뷰〉 편집장을 지냈습니다. 월급이 적어도 상관없으니 제가 어려운 이웃들을 위해 일할 수 있게 도와주십시오."

하지만 어디에서도 연락이 오지 않았습니다. 하버드 법대를 나온 사람이 적은 월급으로 일하겠다고 하니까 믿음이 가지 않았겠지요.

그러던 어느 날, 시카고의 한 민간단체에서 연락이 왔습니다. 나는 시카고의 가난한 사람들이 모여 사는 사우스사이드라는 곳으로 한달음에 달려갔습니다.

"당신처럼 유능한 사람이 왜 여기서 일을 하려고 하나요? 이곳은 당신에게 어울리지 않을 텐데요."

하지만 나는 면접관을 설득해서 결국 가난한 사람들이 모여 사는 빈민가로 출근을 했습니다. 그때 내가 맡은 일은 두 가지였습니다. 하나는 일자리를 잃은 사람들에게 직업을 소개하는 일이었고, 다른 하나는 법률 회사에서 인종 차별 사건을 주로 다루는 인권 변호사 일이었습니다.

내 주변 사람들은 내 결정에 매우 놀랐습니다.

"오바마, 자네는 돈과 명예를 한 번에 차지할 수 있는데 왜 그런 일을 하나?"

하지만 나는 그런 말에 신경 쓰지 않았습니다. 돈과 명예보다는 가난하고 소외된 사람들과 함께 평화롭게 사는 게 더 중요했거든요.

사우스사이드의 대부분 상점들은 문을 닫았고 자동차 절도 사건은 계속 늘어났으며 아이들은 위험한 거리로 나오지 않고 집에서만 놀았습니다. 거리에는 갱들이 활개를 쳤지요.

나는 이것들을 하나씩 고쳐 나가기로 마음먹었습니다. 우선 이 지역에 새로운 일자리를 만드는 데 힘썼습니다.

"여러분! 직업을 찾는 젊은이들을 위해 '직업의 날' 행사를 열겠습니다. 이 행사에 오시면 누구나 직업을 소개받을 수 있습니다."

또한 나는 상점, 식당 등을 유치하려고 노력했고 아이들을 위해 놀이터와 공원을 새롭게 단장했습니다. 몇 년이 지나자 우리 모두의 노력에 힘입어 사우스사이드 지역은 조금씩 사람 사는 냄새가 나는 마을로 변해 갔습니다.

하지만 그것은 내 착각이었습니다. 내가 사우스사이드를 떠나 다른 마을로 간 지 일 년쯤 될 무렵이었을 겁니다.

"여보게, 오바마! 소식 들었나?"

"무슨 소식?"

"자네가 대학을 졸업하고 처음 활동한 시카고의 사우스사이드가 원래대로 되돌아갔대."

"원래대로 되돌아가다니?"

"다시 폭력이 난무하고 가난한 사람이 점점 늘어나고 있대."

그 소식은 내 마음을 갈기갈기 찢어 놓았습니다.

"왜 이런 일이 계속 반복될까? 왜 가난한 사람은 늘 가난하고, 소외받는 사람들은 항상 소외 받아야 할까? 우리 모두가 함께 평화롭게 잘살 수 있는 방법은 정말 없을까?"

그러던 어느 날, 나는 그 원인을 찾아냈습니다.

"그래, 그 이유는 정치에 있어. 정치를 근본적으로 바꾸지 않으면 삶의 변화도 없어."

얼마 후 나는 중대한 결심을 했습니다.

"모든 사람이 평화롭게 사는 사회를 만들려면 시카고 지역을 벗어나

전 미국과 전 세계를 무대로 해야 해. 그러려면 어떻게 해야 할까?"

나는 정치를 하기로 결심하고 일리노이 주 상원 의원에 출마했습니다. 많은 사람들이 어려우리라고 예상했지만 결과는 뜻밖이었습니다. 1996년 민주당 후보로 나선 나는 일리노이 주 상원 의원에 당선되었습니다.

나는 나를 뽑아 준 일리노이 주 사람들에게 내 생각을 알렸습니다.

"저는 어리석은 전쟁에 반대합니다. 아니, 모든 전쟁에 반대합니다. 여러분은 우리 아이들이 전쟁이 없는 세상에서 살기를 꿈꾸고 있습니까? 그렇다면 이라크 전쟁을 일으킨 부시 대통령에게 우리 의견을 전해야 합니다. 지금 미국이 해야 할 일은 전쟁이 아니라 세계적으로 핵무기가 확산되는 것을 막는 일입니다. 전쟁보다는 핵무기 확산 금지 조약을 먼저 만들어야 합니다."

나는 중동 지역의 청소년이나 여성들이 불평등한 대우를 받는 상황을 바로잡아야 한다고 목소리를 높였습니다.

"우리는 중동에서 가난과 전쟁으로 고통 받는 여성과 어린이들을 도와야 합니다. 우리 적은 중동의 군인들이 아니라 곳곳에서 암처럼 자라나고 있는 가난과 절망입니다."

나는 많은 연설을 통해 내 생각을 분명하고 거침없이 밝혔습니다. 싸움을 멈추고 우리 손으로 우리 모두가 평화롭게 사는 세상을 만들어야 한다고 주장했지요.

나를 지지하는 사람들은 흑인과 백인의 구별이 없었습니다.

"오바마의 연설을 듣고 있으면 강한 의지를 느낄 수 있어. 오바마는 진심으로 흑인과 백인, 부자와 가난한 사람들이 모두 평화롭게 사는 사회를 원하고 있어."

"나도 그렇게 생각해. 나는 백인이지만 오바마를 지지해. 오바마야말로 평화를 정착시킬 수 있는 사람이야."

이런 평가를 들을 때마다 나는 가슴이 뜨거워졌습니다. 앞으로도 이들의 기대에 어긋나지 않게 살아야겠다고 다짐하곤 했지요.

2009년, 마침내 나는 제44대 미국 대통령이 되었습니다. 사람들은 내가 기적을 일궈 냈다고 말합니다. 내가 생각해도 참 기적 같은 일이었지요. 흑인에다 정치적 기반도 없는 내가 미국의 대통령이 되다니요!

그러나 나는 미국 국민들이 나를 미국 대통령으로 뽑은 이유를 알고 있습니다. 미국 국민들은 우리 모두가 평화롭게 살 수 있는 세상을 만들겠다는 내 말을 믿고 내게 표를 준 것이지요.

대통령이 된 나는 전 세계 정상들에게 핵무기 문제의 심각성을 알리고 핵무기를 줄이자고 건의했습니다.

"여러분! 지구에 살고 있는 우리는 함께 평화롭게 살 권리가 있습니다. 그러기 위해서는 핵무기를 줄여야 합니다. 지금 당장 핵무기를 줄이는 회의를 열어야 합니다."

또한 전쟁으로 고통 받는 중동의 여러 나라들과 함께 〈중동 평화 회담〉을 개최하기도 했고, 소외당하는 가난한 사람들을 보호하기 위한 법을 만들었습니다.

하지만 이 땅에 평화를 정착시키기 위해 우리가 가야 할 길은 아직 멉니다. 평화를 향한 우리의 여정은 아직 진행 중입니다. 그렇지만 나는 어떤 어려움이 와도 절대 평화를 향한 의지를 꺾지 않을 것입니다. 지금은 비록 미약하지만 첫발을 내디뎠으니 언젠가는 우리 목표를 이룰 수 있을 날이 분명히 오리라 믿습니다. 희망을 버리지 않는 이상 미래는 언제나 우리의 편이니까요.

2009년, 나는 노벨 평화상을 받았습니다.

물론 아직 해야 할 일이 많은 내게 과분한 상이라고 생각합니다. 나는 수상 소식을 듣고 과연 내가 평화를 위해 어떤 일을 해 왔나 곰곰이 생각해 봤습니다. 그리고 앞으로 내가 어떤 일을 해야 할지 생각했지요.

얼마 전, 나는 노벨 평화상 수상을 축하해 주는 사람들에게 내 생각을 전했습니다.

"지금 우리는 도둑질, 강간, 폭행, 전쟁 등 폭력이 난무하는 세상에서 살아가고 있습니다. 우리가 미래에는 평화로운 세상에서 살려면 바로 이 순간 세상을 변화시켜야 합니다. 나부터 바뀌어야 합니다. 나부터 생

각을 바꾸어야 합니다. 나부터 화해의 손을 내밀어야 합니다. 나부터 적이라고 생각하고 있던 사람을 끌어안아야 합니다. 나부터 강한 의지를 갖추고 평화를 간절히 원해야 합니다. 만약 우리 모두가 오늘 하루만 그렇게 노력한다면 내일 아침에는 세상이 바뀌어 있을 것입니다."

지금도 많은 사람들이 내게 묻습니다.

"우리가 진심으로 평화를 원하면 이 땅에 정말 평화가 찾아올까요?"

나는 그때마다 이렇게 말합니다.

"그래요, 우리는 할 수 있어요!"

"Yes, we can!"

[평화를 사랑하는 어린이를 위한 **다큐 동화**]

우리는 기적이 아니라
사랑을 믿습니다

국경 없는 의사회 1968~
긴급 의료구호 단체

국경 없는 의사회는 고통 받는 사람들을
도와주는 단체입니다.
우리의 꿈은 아주 소박합니다.
곤경에 처한 사람에게 손을 내밀어,
그를 곤경에서 구해 내는 것입니다.
그리고 모두 함께
이 땅에서 행복하게 사는 것입니다.

지금 이 시간에도 지구촌 곳곳에는 오랜 내전으로 고통 받는 사람들, 밥을 먹지 못해 굶어 죽는 사람들, 지진으로 집을 잃은 사람들, 질병으로 죽어 가는 사람 등 고통 받는 사람들이 많습니다.

국경 없는 의사회는 그런 어려움에 처한 사람들을 도와주는 자원 봉사자 단체입니다. 우리의 사명은 오직 한 가지, 생명의 위협을 받고 있는 사람들에게 도움의 손길을 내미는 것입니다.

한국, 일본, 인도, 미국, 모나코, 네덜란드, 캐나다, 스페인, 프랑스, 영국, 그 밖에도 수없이 많은 나라에서 달려온 사람들이 모여 좀 더 나은 세상을 만들기 위해 노력하고 있습니다.

국경 없는 의사회의 회원들은 날마다 죽음으로 내몰린 사람들과 함께 살며 일하고 있습니다.

우리의 꿈은 아주 소박합니다. 곤경에 처한 사람에게 손을 내밀어, 그를 곤경에서 구해 내는 것입니다. 그리고 모두 함께 이 땅에서 행복하게 사는 것입니다.

 전쟁의 아픔을 기억하세요

아프리카에는 내전으로 고통 받는 나라가 많습니다.

콩고도 그런 나라들 가운데 하나입니다. 콩고는 십 년에 걸친 긴 내전으로 땅이 황폐해졌고, 국민들은 대부분 말로 할 수 없을 만큼 끔찍한 삶을 살고 있습니다. 집과 병원, 학교가 모두 파괴되었고 수많은 사람들이 목숨을 잃었지요. 2003년에 휴전이 성립되었지만 아직도 콩고 정부에 반대하는 반군들은 콩고 전 지역에 남아 있습니다.

내 이름은 안드레이입니다. 국경 없는 의사회에서 의료 요원으로 일하고 있지요. 나는 올해 봄에 콩고로 왔습니다. 이곳은 마을의 절반이 넘는 사람들이 이미 목숨을 잃었고, 살아남은 사람들은 극심한 영양실조에 빠져 있었습니다. 내전을 피해 숲에서 숨어 지냈던 사람들은 파괴된 마을을 보고 또다시 흩어져 버렸지요.

지금 이곳에는 돌보는 사람 하나 없이 혼자 남은 노인들과 자기 힘으로 살아가기 힘든 여자들과 아이들이 넘쳐 나고 있습니다. 그 가운데에

서도 가장 안타까운 건 어린아이들입니다. 아이들은 아무런 힘도 없습니다. 갓난아이들이 혼자 나무 그늘 아래서 우는 모습은 이제 낯선 광경이 아닙니다.

오늘 오후에는 혼자 버려져 빽빽 울고 있는 아이를 안고 분유를 먹였습니다. 젖병을 입에 문 아이는 금방 울음을 뚝 그쳤습니다. 배가 고파서 그렇게 울었던 게지요.

"아가야, 네 엄마는 어디 갔니?"

아마 아기의 엄마는 가난에 등이 떠밀려 일터로 발걸음을 옮겼을 겁니다. 그래야 오늘 끼니를 해결할 수 있을 테니까요.

나는 오물오물 분유를 먹고 있는 아이의 작은 얼굴을 바라보았습니다. 아기의 이마 위쪽 살갗이 팔딱팔딱 뛰고 있었지요. 아이의 숨골이었습니다. 아이는 살기 위해 온 힘을 다하고 있었습니다.

그 모습을 본 나는 눈물을 흘렸습니다. 하지만 내가 할 수 있는 일이라고는 고작 아이에게 분유를 먹이고, 엄마 대신 아이를 꼭 껴안아 주는 것밖에 없습니다.

전쟁은 싸우고 있을 때에만 폭력적인 것이 아닙니다. 싸움이 끝나도 전쟁의 아픔은 계속됩니다. 언제쯤 이 아이들이 전쟁 없는 곳에서 평화롭고 평범하게 자랄 수 있을까요?

 도움의 손길을 내미세요

내 이름은 클레어라고 합니다. 나는 방글라데시의 나야파라 난민촌에서 보급품을 나눠 주는 일을 하고 있지요. 이곳 나야파라 난민촌은 미얀마에서 피난 온 일만 삼천오백 명의 이슬람교 사람들이 살아가는 곳입니다.

불교가 국교인 미얀마에서는 이슬람교를 믿는 사람들을 줄곧 박해했습니다. 결국 참지 못한 이슬람교 사람들은 십여 년쯤 전부터 이곳 나야파라로 피난을 왔지요.

처음 이곳에 왔을 때 나는 이들의 주거 환경을 보고 깜짝 놀랐습니다. 피난민들은 아주 열악한 곳에서 살고 있었습니다. 나라면 그곳에서 아마 일주일도 못 버틸 겁니다. 최근 방문했던 한 가정에는 좁은 방 한 칸에 무려 열두 명의 난민들이 모여 살고 있었습니다.

천장에서는 비가 뚝뚝 떨어지고, 공기가 탁해서 숨을 쉬기 어려울 정도였습니다.

이곳 난민촌에서 살아가는 사람들에게 꼭 필요한 건 바로 물입니다. 이곳 사람들은 가정마다 물을 십 리터 남짓 쓸 수 있습니다. 우리가 평소에 마시는 물만 해도 이 리터쯤 됩니다. 그런데 겨우 십 리터의 물로 한 가족이 마시고, 씻고, 밥까지 지어 먹어야 하지요.

게다가 우리가 2주마다 배급해 주는 식량은 쌀, 콩, 설탕, 소금, 그리고 밀가루가 전부입니다. 이렇게 열악한 환경에서 배고프게 살아가는 사람들의 모습을 상상해 보십시오.

하지만 이들이 가장 두려워하는 건 따로 있습니다. 바로 미얀마로 돌아가는 것입니다. 미얀마로 돌아가면 이들은 또다시 억압과 고통 속에서 살아야 합니다. 그래서 이들은 비록 가난하고 힘들어도 이곳 난민촌에 남고 싶어 하지요.

우리는 이들의 고통을 조금이라도 덜어 보고자 이곳에 와 있습니다. 의료 기술이 없는 나는 다른 사람의 생명을 구할 수 없습니다. 하지만 이곳을 보다 나은 곳으로 만들기 위해 나름대로 열심히 일하고 있습니다. 부서진 가구를 손질하고 사람들이 앉아 쉴 수 있는 의자를 만들기도 하지요. 정말 아주 보잘것없는 일이지만 분명 이곳 사람들에게 조금이나마 도움이 되리라 믿고 있습니다.

또 난민들이 배급을 제대로 받고 있는지를 확인하는 일도 합니다.

"선생님. 배급품을 좀 더 늘려 줄 수는 없나요?"

사람들은 나를 볼 때마다 묻습니다. 하지만 나는 차마 대답하지 못하고 슬그머니 그들의 눈길을 피하곤 합니다.

지금도 많은 사람들이 국경 없는 의사회에 기부금을 보내고 쌀이나 라면과 같은 구호물자를 보내 줍니다. 하지만 여러 가지 구호물자가 아직 충분하지 못한 게 현실입니다. 도움을 받아야 할 사람은 많은데, 도와주려는 사람은 아주 적기 때문이지요.

한국에서는 백 원으로 할 수 있는 일이 거의 없다고 들었습니다. 하지만 이곳 난민촌에서는 백 원이면 한 끼를 해결할 수 있습니다.

이곳에서는 무엇이든 아주 소중하게 쓰이고 있습니다. 아주 작은 도움의 손길이 이들에게는 큰 힘이 되는 걸 기억해 주시기를 바랍니다.

 사랑을 실천하세요

지옥이 실제로 있다면 아마 이런 풍경이 아닐까요. 이곳은 중앙아메리카에 있는 엘살바도르라는 나라입니다. 얼마 전에 큰 지진이 일어난 곳이지요. 특히 엘살바도르의 아르메니아라는 도시는 지진으로 무참하게 파괴되었습니다. 도시 전체가 마치 거대한 폭탄이 떨어진 곳처럼 변해 버렸습니다.

내 이름은 찰리입니다. 작년에 국경 없는 의사회의 회원이 되었지요. 나는 회원이 되고 처음으로 아르메니아의 구조대로 활동하라는 임무를 맡았습니다. 나는 첫 임무를 맡고 덜컥 겁이 났습니다.

'내가 과연 임무를 잘 수행해 낼 수 있을까? 나는 아직 서툰데……. 완벽하게 준비하고 시작해야 하지 않을까?'

내가 머뭇거리자 한 선배가 말했습니다.

"준비를 완벽하게 하고 시작하려면 늦어요. 일단 시작해 보세요. 어려움에 처한 사람들을 도와주려는 마음만 있다면 잘할 수 있을 겁니다. 우리에게 필요한 건 경험보다 사랑입니다."

나는 그 말에 힘을 얻어 아르메니아 구조 활동을 시작했습니다.

지진으로 파괴된 아르메니아는 마치 다른 행성처럼 보였습니다. 거리에는 부서져 내린 건물의 잔해가 널려 있고, 집이 무너진 자리에는 벽돌과 목재가 무더기로 쌓여 있었습니다. 우리는 날마다 돌을 치웠지만 그 밑에 얼마나 많은 사람이 죽어 있는지조차 몰랐습니다.

나와 함께 구조 활동을 시작한 클로이가 말했습니다.

"이봐, 찰리. 천막 만드는 것 좀 도와줘. 빨리 천막을 치고 임시 수용소를 만들어야 해."

우리는 구조 활동을 효과적으로 하기 위해 급하게 회의를 열었습니다.

"플라스틱 판자로 벽을 만들고 저수지가 오염되지 않도록 배수관을 설치해야 합니다."

"의료팀은 빨리 난민들의 건강을 체크해 주세요."

얼마 후, 첫 번째 구호물자가 도착하고 운동장에는 텐트의 도시가 세워졌습니다. 수용소 한구석에는 의무실도 만들어졌지요.

나는 요즘 그 의무실에서 아이들의 신체검사를 하고 있습니다. 내가 주로 하는 일은 영양실조에 걸린 아이들을 가려내는 겁니다. 사람들은 건강을 유지하기 위해 하루 평균 2,100kcal 정도의 열량을 필요로 합니다. 어린이와 임신한 여성의 경우는 더 많은 열량이 필요하지요.

그래서 다섯 살 미만의 어린이들이 가장 영양실조에 걸리기 쉽습니다. 어린아이들은 영양가 있는 음식을 자주 먹어 많은 열량을 섭취해야 합니다. 하지만 이곳에는 음식이 적어 영양실조에 걸리는 아이가 많습니다.

영양실조에 걸린 아이들은 폐렴, 설사, 홍역, 말라리아 따위의 병에 걸리기 쉽습니다. 심지어 죽는 경우도 많습니다.

우리는 영양실조에 걸린 아이들을 빨리 가려내기 위해서 영양실조 측정기를 만들었습니다. 팔에 끼는 팔찌인데, 나는 진찰을 받으러 온 아이들의 팔에 그 팔찌를 끼워 보고 영양실조에 걸렸는지를 판단합니다.

"자, 팔을 내밀어 보렴!"

영양실조에 걸린 아이들은 충분히 먹지 못한 탓에 지방과 근육이 거의 없지요. 나는 영양실조에 걸린 아이가 먹어야 할 음식을 따로 준비해 놓고, 아이의 부모에게 그 음식을 꾸준히 섭취해야 한다고 신신당부를 합니다.

아주 가끔씩 이곳에도 웃음꽃이 활짝 필 때가 있습니다.

"선생님, 애 좀 보세요. 살이 토실토실 올랐어요."

치료를 받은 아이의 엄마가 환하게 웃으며 진료실로 들어올 때지요. 그럴 때면 나도 기분이 좋아져 입가에 미소가 번집니다.

"잘하셨어요. 아기가 점점 좋아지고 있네요."

모든 회원들이 최선을 다한 결과가 조금씩 나타나고 있습니다. 아직 수백 명의 환자가 치료를 받고 있지만 심각한 환자의 수는 눈에 띄게 줄어들고 있습니다.

나와 같은 자원 봉사자들의 손으로 폐허가 되었던 엘살바도르의 아르메니아가 천천히 변하고 있습니다. 조금씩 살 만한 곳으로 말이지요.

힘겨웠던 오늘 하루가 지나갔습니다. 내일은 더 많은 어린이가 진료실을 찾아올 테고 도시를 복구하는 작업은 계속되겠지요. 이곳에서 일하고 있는 우리는 사랑의 힘이 이 난민촌을 조금이나마 살기 좋은 곳으로 바꿀 수 있다고 굳게 믿고 있습니다.

 # 평화를 꿈꾸세요

나는 외과 의사인 청입니다. 나는 아프리카 앙골라에서 8개월 동안 일하면서 전쟁이 얼마나 무서운지를 이 두 눈으로 똑똑히 보았습니다.

여러 차례 내전을 겪은 앙골라는 차마 표현하기 힘들 정도로 상황이 심각했습니다.

내가 국경 없는 의사회 회원이 된 건 프랑스 의사인 래리에 관한 책을 읽고 난 다음이었습니다. 래리는 1792년 나폴레옹 군대에서 일했던 외과 의사입니다.

어느 날, 래리는 전쟁터에서 도망치기 위해 자해한 군인을 치료하고 이렇게 말했습니다.

"스스로 낸 상처인지 적의 총에 맞아 생긴 상처인지는 중요하지 않다. 그것을 가려내는 일은 판사의 몫이다. 의사는 환자의 친구여야 한다. 의사는 죄가 있는 사람이든 죄가 없는 사람이든 가리지 않고 돌봐야 한다. 의사는 단지 환자의 목숨을 구하는 일에 최선을 다해야 한다."

래리는 심지어 프랑스의 적국들 사이에서도 존경을 받았습니다.

1815년 워털루 전투에서 워링턴 장군은 래리가 부상자들을 치료하는 모습을 보고, 모자를 벗고 부하들에게 이렇게 말했다고 합니다.

"저쪽 방향으로 총을 쏘지 마라. 적어도 저 의사가 부상자들을 치료할 수 있는 시간을 주는 게 사람된 도리다."

나는 래리의 정신을 이어받고 싶었습니다. 그래서 과감히 국경 없는 의사회에 회원이 되겠다고 지원했지요. 그런 내 결심을 들은 친구들은 나를 말리려고 했습니다.

"청, 넌 지금 아주 잘나가는 외과 의사야. 앙골라처럼 위험한 곳에 왜 가려고 하니? 여기서도 얼마든지 사람들을 치료할 수 있잖아."

하지만 내 생각은 달랐습니다. 내가 살고 있는 대도시에는 많은 의사들이 있습니다. 하지만 참혹한 전쟁을 겪은 앙골라에는 환자는 많지만 그들을 치료해 줄 의사는 적습니다. 이 때문에 간단한 치료를 받지 못해 죽는 사람들이 너무나도 많지요.

내가 일하고 있는 이곳 진료소를 찾는 환자들 가운데에는 아이들도 많았습니다.

어느 날, 두 아이가 들것에 실려 들어왔습니다. 한 아이는 턱에 총을 맞았고, 또 다른 아이는 어깨와 손에 총을 맞아 피를 흘리고 있었습니다. 총알이 스쳐 지나갔기 때문에 수술을 하면 목숨을 구할 수 있지만 제때 수술을 하지 못하면 목숨을 잃을 수도 있는 상황이었습니다.

나는 재빨리 수술 준비를 했습니다. 총알 자국으로 보아 가까운 거리에서 누군가 일부러 쏜 총에 맞은 게 분명했습니다.

"얘들아, 누가 너희에게 총을 쐈니?"

수술이 끝나자 나는 아이들에게 물었습니다. 그러자 아이들은 주저주저하며 말했습니다.

"우리는 거리에서 물건을 팔며 돈을 벌고 있었어요."

앙골라에는 차들이 쌩쌩 달리는 도로 위에서 물건을 파는 아이들이 많습니다.

"그런데 한 경찰관이 우리에게 돈을 요구했어요. 우리가 돈을 주지 않자 경찰관이 우리에게 총을 쐈어요."

이것이 바로 앙골라의 현실입니다. 국민을 지켜야 할 경찰관이 돈 몇 푼을 받으려고 국민들을 향해 총을 쏘다니 믿을 수 있습니까? 평화로운 나라에 살고 있는 사람들은 절대 상상할 수 없는 일이지만 이곳에서는 늘 일어나는 일 가운데 하나일 뿐입니다. 나는 이와 비슷한 사건을 날마다 보고 듣습니다.

그러나 누군가가 내게 '앙골라에 다시 평화가 찾아올까요?' 라고 묻는다면 나는 주저 없이 '예!' 라고 대답하고 싶습니다.

나는 정말 간절히 평화를 원하고 있습니다. 수만 명의 국경 없는 의사회 회원들도 나와 똑같은 꿈을 꾸고 있습니다. 또 나는 지구촌 사람들도 평화를 원하고 있다고 믿습니다. 그렇다면 전쟁의 후유증으로 고통 받는 이곳 앙골라에도 언젠가 반드시 평화가 찾아올 것입니다.

한 사람의 꿈은 한낱 꿈으로 그칠 수 있지만 우리 모두가 똑같은 꿈을 꾼다면 그 꿈은 언젠가 현실이 될 테니까요.

국경 없는 의사회

이 단체는 전쟁, 내란, 전염병, 자연재해 따위로 고통 받는 지구촌 모든 사람들에게 긴급의료구호를 하는 단체입니다. 국경 없는 의사회는 1968년 나이지리아 내전에 파견된 프랑스 의사와 언론인 열두 명이 만들었지만 그다음 벨기에 브뤼셀에 본부를 두고 이십 개국에 사무소를 둔 세계 최대의 비군사, 비정부 간 긴급의료구호 단체로 발전했습니다. 현재 국경 없는 의사회에서는 해마다 삼천 명 이상이 회원을 지원하고 있다고 합니다. 회원들을 살펴보면 전 세계 팔십여 개국의 다양한 사람들이지요. 국경 없는 의사회 회원들은 의사, 간호사, 의료요원, 보급요원으로 구성되어 있으며 재난과 전쟁으로 얼룩진 곳을 찾아 자원 봉사 활동을 펼치고 있습니다. 1999년 노벨 평화상을 받았습니다.

굿네이버스 세계시민교육

One Heart!

'One Heart!'는 지구촌 이웃의 삶에 관심을 갖고, 서로 아픔과 어려움을 위로하며, 함께 돕고자 하는 '하나의 마음'을 의미합니다.

굿네이버스는 한국에서 설립된 국제구호개발NGO로서 해외구호개발사업을 통해 지구촌 협력을 실천해 왔으며, 교육 현장에서는 어린이 나눔실천 교육을 전국적으로 확산시켜 왔습니다. 굿네이버스는 이러한 경험과 전문성을 바탕으로 시대적 필요와 욕구에 부응하여 초등학교 어린이를 대상으로 한 세계시민교육 'One Heart!'를 개발하였으며, 이를 통하여 우리 어린이들이 성숙한 세계시민으로서 역량을 갖추도록 돕고 있습니다.

굿네이버스 세계시민교육 One Heart ! 교육

지구촌 이웃의 모습
여러분은 지구촌 이웃에 대해 얼마나 알고 있나요?

지구촌에는 65억 명의 이웃들이 살고 있습니다.

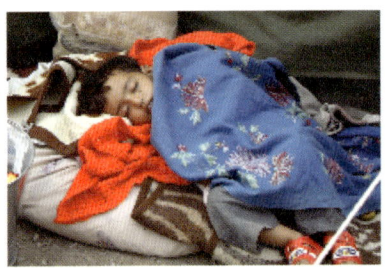

- 세계 이웃 7명 중 1명은 하루 1천 원보다 적은 돈으로 힘들게 살아갑니다.
- 5초에 1명씩 어린이가 굶어 죽어 가고 있습니다.
- 5살 이하의 어린이 4명 중 1명은 저체중으로 고통 받고 있습니다.
- 하루에 2만 3천 명의 어린이가 치료할 수 있는 병으로 죽어 갑니다.
- 세계 7천 2백만 명의 어린이가 초등학교를 졸업하지 못했습니다.
- 글을 읽지 못하는 사람 중 3분의 2가 여성입니다.
- 1분에 1명의 여성이 임신 중이나 출산 중에 사망합니다.
- 매일 8천 명이 에이즈로 죽어 가고, 이로 인해 어린이는 부모님과 선생님을 잃습니다.
- 세계 이웃 5명 중 1명은 오염된 물을 마시며 살아갑니다.

굿네이버스 세계시민교육 One Heart! 교육

지구촌 이웃의 목소리

지구촌 곳곳에는 가난과 질병으로 인해 힘들고 어려운 상황에서도 오늘보다 나은 내일을 꿈꾸며 살아가는 이웃이 있습니다.

교육 | 배우는 것은 어린이의 힘

우리 집은 형편이 좋지 않아서 수업료도 못 낼 때가 있어요. 학교에 꾸준히 다니지 못하는 것이 속상하지만 부모님 마음을 알기 때문에 불평하지는 않아요. 저는 시간이 나는 대로 도서관에서 영어책을 빌려 읽고 있어요. 공부를 계속해서 훌륭한 영어 선생님이 되고 싶어요.

아프리카 케냐

성평등 | 남자와 여자 모두 소중해요

저도 남동생이나 제 친구들처럼 학교에 다니고 싶어요. 하지만 우리 가족들은 제가 여자이기 때문에 집에서 살림을 돕다가 결혼할 준비를 해야 한다고 했어요. 저는 열심히 공부해서 멋진 정치인이 되고 싶어요. 제 꿈을 포기하지 않을 거예요.

서아시아 아프가니스탄

의료보건 | 건강하게 살고 싶어요

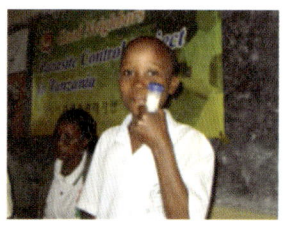

우리 마을에 다리가 코끼리처럼 붓는 '코끼리 병'이 발생하기 시작했어요. 마을 사람들이 병에 걸릴까 봐 두려워했지만, 이 병이 기생충 약을 먹고 손발을 깨끗이 씻으면 예방할 수 있다는 것을 알게 되었어요. 이제 우리는 위생관리도 철저히 하며 소중한 우리의 건강을 지켜나갈 거예요.

아프리카 탄자니아

생활개선 | 살기 좋은 우리 마을

우리 가족은 항상 그날그날의 끼니를 걱정해야 했는데, 주변의 도움으로 소를 분양받게 되면서 우리에게 많은 변화가 생겼습니다. 소를 키우면서 농작물 수확이 늘어날 것을 기대하게 되었고, 얼마 전 건강한 송아지를 출산하면서 대출금을 갚을 수 있게 되었습니다. 소는 우리 가족의 희망입니다.

동남아시아 베트남

굿네이버스 세계시민교육 One Heart! 교육

지구촌의 약속 MDGs

새천년개발목표(MDGs : Millenium Development Goals)는 2000년 9월, 세계 189개 나라가 UN 정상회의에서 살기 좋은 지구촌을 만들기 위해 정한 8가지 약속입니다. 2015년까지 MDGs를 달성하기 위해서는 많은 사람들의 크고 작은 노력들이 필요합니다.

1. 가난의 고통이 없는 세상을 만들어요!
2. 모든 어린이가 학교에 갈 수 있는 세상을 만들어요!
3. 남녀가 평등한 세상을 만들어요!
4. 더 이상 어린이의 죽음이 없는 세상을 만들어요!
5. 엄마와 아기가 항상 건강할 수 있는 세상을 만들어요!
6. 무서운 질병이 모두 사라진 세상을 만들어요!
7. 지구촌의 아름다운 환경이 보호되는 세상을 만들어요!
8. 지구촌 모든 나라들이 서로 도우며 사는 세상을 만들어요!

MDGs를 달성하기 위한 세계의 노력

세계 기구의 노력

국제회의

지구촌의 국가들이 MDGs를 달성하기 위한 노력을 기울일 수 있도록 환경을 조성합니다.

국가의 노력

항공권연대기금

국제선 비행기를 이용할 때마다 1천 원씩 모아져 지구촌 이웃을 위해 사용됩니다.

NGO의 노력

빈곤퇴치 캠페인

세계의 NGO들이 힘을 모아 지구촌 가난한 이웃을 알리고 돕기 위한 캠페인을 실시합니다.

굿네이버스 세계시민교육 One Heart ! 나눔 실천

우리도 이웃을 도울 수 있어요!

내 힘으로, 친구들과 가족과 함께
살기 좋은 지구촌을 만들어 가기 위해 우리의 사랑을 나누고 실천해 봅시다.

내 힘으로 Action!

· 화이트밴드 착용하기

세계빈곤퇴치 운동의 상징인 화이트밴드를 손목에 착용하여 가난한 이웃을 향한 나의 사랑을 표현해 봅시다.
*구입 (www.wecomarket.com)

· 100원의 기적

온라인으로 기부하는 100원의 나눔에 동참하여 지구촌에 사랑의 기적을 일으켜 봅시다.
*100원의 기적 홈페이지(www.100won.org)

· 친구 3 명에게 도움 주기

도움을 필요로 하는 친구 3명에게 도움 주기. 세상을 바꾸는 작지만 큰 힘, 3명에게 도움 주기 운동에 동참해 봅시다.

친구들과 Action!

· 빈곤퇴치 캠페인 참여하기

매년 10월 17일 세계에서 동시에 실시되는 빈곤퇴치 캠페인(Stand Up!, Speak Out!)에 참여해 봅시다.
*지구촌빈곤퇴치네트워크(www.endpoverty.or.kr)

· 프리 허그 캠페인

지금 이 순간, 나의 따뜻한 포옹을 필요로 하는 사람이 있습니다. 서로를 격려하고 힘을 주는 프리 허그 운동을 펼쳐 봅시다.

· 사랑의 동전 모으기

우리 반 친구들과 함께 매일매일 정성스럽게 동전을 모아 봅시다. 세계 친구들을 향한 마음이 쑥쑥 자라납니다.

굿네이버스 세계시민교육 One Heart! 나눔 실천

가족들과 Action!

- 착한소비 (GOOD_BUY) 참여하기

착한소비 GOOD_BUY는 소비자의 GOOD(착한) + BUY(소비) 행위를 통해 빈곤으로 어려움을 겪는 전 세계 이웃들에게 웃음과 희망을 전하는 캠페인입니다. '상자 위의 빨간 하트' 모양의 굿바이(GOOD_BUY) 캠페인 로고가 있는 상품을 찾아 구입하면, 수익금의 일부가 자동으로 지구촌 빈곤퇴치 기금으로 적립됩니다. 소비자가 필요한 물품을 구매하는 행위가 곧 나눔 실천이며, 기업은 착한상품 판매 수익금의 일부를 기부하여 기업과 소비자가 함께 손쉽게 참여할 수 있는 나눔 캠페인입니다.

- 해외 아동과 1:1 결연 맺기

하루 1달러 미만으로 살아가는 지구촌의 어려운 친구들을 위해 가족과 자녀의 이름으로 1:1 결연 후원으로 친구가 될 수 있습니다. 결연을 통해 아동의 사진과 성장 보고서, 친필 편지 등을 받을 수 있습니다.

굿네이버스는 세계시민교육을 통하여 세계화 시대를 살아가는 어린이들이 지구촌 이웃의 삶을 이해하고 그들의 인권을 존중하며 빈곤과 재난, 억압으로 고통 받는 이웃의 아픔에 공감하여 그들이 희망을 갖고 살아가도록 돕는 협력의 방법을 배우게 함으로써, 궁극적으로 세계를 품고 나눔을 실천하는 세계시민으로 성장하도록 돕고 있습니다.

세계시민교육 지구촌 나눔 가족, 100원의 기적
"지구촌 희망편지 쓰기 대회" 행사 안내

1 step 교육 영상 시청

2 step 나눔 실천 프로그램

3 step 온라인 교육

4 step "지구촌 희망편지 쓰기 대회" 참여

"지구촌에 희망을 전해 주세요"

- 모금 활동과 함께 지구촌 아동들에게 희망편지를 작성하면서, 지구촌 빈곤을 이해하고 나눔 의식을 기른다.

교육신청 및 문의 : 굿네이버스 사회개발교육팀 (02) 6717-4132

빛이 되는 우체통 - 다큐 동화①

우리가 평화를 선택할 수 있어요

2010년 5월 10일 초판 1쇄 발행
2012년 3월 21일 초판 3쇄 발행

글쓴이 | 황근기
그린이 | 김은경
펴낸이 | 정수은
제　작 | 정희원
편　집 | 이인영
디자인 | 유선주, 이현정
마케팅 | 주상욱, 정진욱
펴낸곳 | 도서출판 초록우체통
등　록 | 2009년 3월 19일 제307-2009-17호
주　소 | 서울시 마포구 서교동 451-4번지 두지빌딩 1층
전　화 | 02-6673-0421
이메일 | gpostbox@naver.com
블로그 | http://blog.naver.com/bodhistar

ⓒ 2010　초록우체통
ISBN 978-89-962477-3-9 73800